Ruth Heil

Ich bin ihr begegnet

Begegnungen,
die Leben veränderten

Frauen berichten

 johannis

Die Deutsche Bibliothek – CIP-Einheitsaufnahme

Heil, Ruth:
Ich bin ihr begegnet : Begegnungen, die Leben veränderten ;
Frauen berichten / Ruth Heil. – 2. Aufl. – Lahr : Johannis, 1996
  (TELOS-Bücher ; 77702 : TELOS-Taschenbücher)
  ISBN 3-501-01251-9
NE : GT

ISBN 3 501 01251 9

TELOS-Taschenbuch 77 702
2. Auflage 1996
© 1995 by Verlag der St.-Johannis-Druckerei
Umschlagfoto: W. Guthmann
Gesamtherstellung:
St.-Johannis-Druckerei, 77922 Lahr
Printed in Germany 12644/1996

Inhaltsverzeichnis

Vorwort	4
Mit 26 Jahren am Ende	5
Von Gott gehalten	10
Gott verändert Leben	14
Das Geplapper aus dem Lautsprecher	19
Blick in die Ewigkeit	22
Kinder sind eine Gabe des Herrn	27
Befreit aus der Macht der Finsternis	32
Hilfe, noch ein Kind!	45
Unterschreibe auf keinen Fall!	49
Als die Zeit erfüllt war . . .	51
Kein Mann für mich? Oder: Was man Ledigen nie sagen sollte . . .	55
Verloren und wiedergefunden	61
Begegnung im Zinzendorf-Haus in Neudietendorf	67
Ein Frauenfrühstück in Wilhelmsdorf und ein anschließender Briefwechsel	71
Lena-Michelle, das fünfte Kind	77
Der Alptraum	82
Die Sehnsucht nach dem dritten Kind	85
Mein Ungeborenes ist »zu Hause«	89
Ein neues Haus für uns	95
Mein Mann ist Rollstuhlfahrer	98
Empfängnisregelung nach Dr. Rötzer	104
Mein Beruf: Schäferin	108
Ich wurde mißbraucht	116
Warum läßt Gott das zu?	122
Frucht für die Ewigkeit	125
»Der Herr hat Großes an mir getan!«	127
Kindheitsverletzungen und Auswirkungen auf die spätere Ehe	131
Gott hat die Mathematik erfunden	135
Tagebuchaufzeichnungen aus einer Schwangerschaft	141
Eine mongoloide Schwester wird zum Segen	159
»Ansteckend«	163
Das Schönste kommt noch	168
Sehnsucht nach Geborgenheit	176
Zwischen zwei Welten	180
Befreit aus dem Gefängnis der Angst	187

Vorwort

Wie vielen Frauen bin ich schon begegnet, hörte ihre Geschichte, nahm Anteil an ihrer Not! Dabei machte ich eine verblüffende Erfahrung: So schlimm die Not auch war, für viele war es der Anstoß, über Gott nachzudenken. Im Grunde führte sie das Leid zum Ziel ihrer tiefsten Bestimmung: heim zum Vaterherzen Gottes zu finden. Vielleicht ist so auch das Wort Heim-Suchung zu verstehen.

Wenn ich den Frauen bei diesem Prozeß Wegweiser sein durfte, so erfüllte es auch mich mit tiefer Freude.

Vielleicht sind auch Sie gerade in einer notvollen Lebenslage. Lassen Sie sich mit diesem Buch ermutigen, an die positiven Lösungen Gottes zu glauben!

Mit 26 Jahren am Ende

Aus dem Gespräch mit einer Frau

Am liebsten würde ich es allen Frauen zurufen: »Wirklich, Abtreibung scheint eine schnelle Lösung zu sein! Du sagst einfach nein zu dem, was sich in deinem Körper ereignet. Für den Moment scheint dein Problem gelöst: Kein Kind, keine Schwierigkeiten, kein Trouble.«

Du machst solch einen Schritt meist, weil du nicht weiterweißt, weil du keinen Ausweg siehst. Du merkst, wenn du deinen eigenen Kopf durchsetzt, dann machst du vielen Leuten zusätzliche Probleme. Andere müssen dein Kind hüten, dir mit Geld aushelfen. Du hast ein schlechtes Gefühl. Keiner hilft dir weiter. Irgendwie bist du fertig, ausgeliefert, dir gehen die Argumente aus für die Fragen der anderen:

Wie willst du das Kind großkriegen? Wer soll für es sorgen? Wie willst du das Geld für seine Kleider beischaffen? Wer wird es hüten? Du kannst doch nicht gleichzeitig Geld verdienen und dein Kind versorgen . . .?!

Es ist nicht so, daß ich die Argumente meiner Mutter nicht verstanden hätte. Jahrelang hatte sie ihre eigene Mutter gepflegt. Endlich fühlte sie sich frei. Und nun sollte ich, ihre Tochter, ein Kind bekommen, für das wieder sie verantwortlich wäre. Nein, sie konnte nicht. Sie wollte nicht.

Aber nach der Abtreibung, wenn alles scheinbar gelöst ist, fangen die echten Probleme erst an. Da holt dich die Vergangenheit auf Schritt und Tritt ein. Darüber hat dich niemand informiert. Und dann bist du allein in deinem Schmerz. Für alle anderen ist dein Problem ja nicht mehr aktuell. Aber für dich ist es aktueller als je zuvor: Du bist nicht mehr unbefangen gegenüber schwangeren Frauen, du versuchst, Kinderaugen auszuweichen und Kinderwagen zu meiden.

Der Vater meines Kindes zog sich ganz zurück. »Wir verkehren nur noch über den Anwalt miteinander«, ließ er mich wissen. Wir hatten uns nur wenige Monate gekannt und konnten gut miteinander reden. Eigentlich ging es in dieser Beziehung nie um Sex. Trotzdem passierte es, daß wir miteinander schliefen. Vielleicht nur zweimal in dieser ganzen Zeit. Und davon wurde ich schwanger. Eigentlich hatten wir nie zuvor über Partnerschaft oder ähnliches gesprochen. Darum war es uns nicht gegangen. Wir waren einfach Bekannte, die sich gerne austauschten.

Mein richtiger Freund war verheiratet. Deshalb war ich am Wochenende oft allein. Aus dieser Situation heraus war die lockere Freundschaft zu dem Vater meines werdenden Kindes entstanden. Er hätte schon gerne mehr gewollt. Aber ich war nicht bereit gewesen, meinen eigentlichen Freund dafür aufzugeben. Eigentlich war mein Bekannter ein netter Kerl, wenn man mit ihm befreundet war. Aber war man das nicht, empfand man ihn eher als egoistisch und rigoros.

Ich ließ ihn dann wissen, daß ich schwanger geworden sei und daß er der Vater dieses Kindes sei. Aber er wollte dies nicht wahrhaben. Er war überzeugt, daß dies Kind von meinem eigentlichen Freund stamme.

Allerdings bot er mir an, mit mir nach Holland zu fahren, um das Kind »wegmachen zu lassen«.

Auch meinem eigentlichen Freund erzählte ich von der Schwangerschaft. Allerdings sagte ich ihm ehrlich, daß dieses Kind nicht von ihm wäre.

Daraufhin wollte er mit diesem Kind auch nichts zu tun haben. Er beteuerte mir, trotzdem mit mir leben zu wollen, allerdings ohne dieses Kind von dem anderen. Er war sogar bereit, sich von seiner jetzigen Frau und seinem Kind um meinetwillen zu trennen. Aber innerlich konnte ich kein Ja dazu finden. Es fiel mir schwer, eine Frau und ein Kind durch meine Entscheidung ins Unglück zu stürzen. Allerdings wollte ich meine Liebesbeziehung zu ihm auch nicht aufgeben, weil sie mich erfüllte.

Ich war dann etwa fünf Tage im Krankenhaus und wurde dort behandelt, wie nach einer ganz normalen Ausschabung.

Zu sehr war ich zuvor damit beschäftigt gewesen, was die anderen mit meiner Situation machten, in die ich sie hineinbrachte durch die Schwangerschaft.

Erst zu spät dachte ich über das Kleine in mir und mich selbst nach.

Tief drinnen hatte ich darauf gewartet, daß jemand käme, der mich ermutigen würde, das Kind zur Welt zu bringen, jemand, der mir seine Hilfe zusagte. Aber niemand, niemand war dagewesen.

Der Arzt hatte gespürt, daß ich eigentlich keinen Abbruch wollte. Er sprach mich sogar darauf an. Ich antwortete ihm: »Ich liebe dieses Kind, aber ich sehe keinen Weg für das Kind und mich.« Damit war die Entscheidung gefallen.

Nach der Abtreibung war ich ganz aufgelöst. Die Schwestern kümmerten sich sehr freundlich um mich. Aber das brachte mir wenig Trost. Ich lag im Bett und weinte unablässig.

Die Wochen danach waren entsetzlich. Ich sah ständig das Kind um mich. Ich bin ziemlich sicher, daß es ein Mädchen war.

Mein Chef, der ja gleichzeitig mein Liebhaber war, behielt mich als Arbeitskraft, nachdem er erfahren hatte, daß ich abgetrieben hatte. Ich war dann noch eine Woche zu Hause. Fast die ganze Zeit lag ich im Bett und weinte. In jener Zeit hatte ich oft Alpträume, die immer ähnlich abliefen:

»Ein Kind, das schon laufen konnte, rannte auf mich zu, aber ich war nicht da, besser: es konnte mich nicht erreichen, wie sehr es sich auch anstrengte, mir näher zu kommen. Ich sah immer seine Augen, die mich suchten.«

Schließlich hatte ich Ängste vor dem Einschlafen. Denn sobald ich die Augen schloß, spielte sich die Tragödie ab, daß ich ein Kind wahrnahm, das irgendwie von einer Höhe heruntergezogen wird in ein schwarzes Loch.

Mit der Abtreibung begann in mir eine große, ständige Unruhe, die ich nicht abstellen konnte. Sie hinderte mich am Einschlafen und veränderte mein gesamtes Leben. Dazu fiel es mir schwer, mich auf der Straße zu bewegen. Jede Schwangere, jedes Kind löste Verzweiflung in mir aus.

Ich konnte mir kaum einen Fernsehfilm anschauen, weil ich Angst hatte, dabei an »mein Kind« erinnert zu werden.

Mit dem Vater des Kindes traf ich mich nie wieder.

Zwar suchte ich danach immer wieder neue Beziehungen mit Männern, weil ich geliebt werden wollte. Aber ich war voller Widerstand und wollte keine Berührung. Wenn es dann doch dazu kam, daß sie mehr von mir wollten, fühlte ich mich innerlich wie tot. Ich brauchte Nähe, und gleichzeitig fürchtete ich mich davor.

Vor einer weiteren Schwangerschaft hatte ich keine Angst. Vielleicht legte ich es sogar darauf an, wieder schwanger zu werden, als könnte ich damit ungeschehen machen, was geschehen war.

Je länger ich über den Abbruch nachdenke, um so sinnloser erscheint er mir. Was sind schon 18–20 Jahre meines Lebens, wenn ich dabei einem Menschen das Leben geben kann?

Der Abbruch erscheint als einfache, schnelle Lösung, aber er geht einem nicht nur 20 Jahre nach. Er bleibt unauslöschbar ein ganzes Leben lang im Gewissen. Er wird zum dunklen Teil des Lebens, der wie ein

Schatten hinter vielem steht, was eigentlich mit tiefer Freude verbunden sein sollte: das ganze Umfeld von Schwangerschaft und Kindern, seien es eigene oder fremde. Immer bleibt der Schatten der Erinnerung: »Wie alt wäre mein Kind, wie würde es aussehen?... wenn es lebte . . .«

Langsam verblaßte das starke Erleben nach diesem Abbruch. Fast meinte ich, es überwunden zu haben. Aber mit dem Beginn einer neuen Freundschaft brach mein ganzer Schmerz nach etwa vier Jahren neu auf. Ich hatte einen Mann kennengelernt, mit dem ich mir Ehe vorstellen konnte.

Mit ihm diskutierte ich über Schwangerschaft und Schwangerschaftsabbruch, als wäre ich schwanger. Das war aber nicht so. Ich benahm mich so, als könnte ich das ganze Geschehen noch einmal zurückholen, aufarbeiten und mich neu entscheiden, das Kind zur Welt zu bringen, das schon lange tot war.

In dieser Zeit durfte ich Gott kennenlernen, durfte begreifen, was Liebe heißt. Ich erkannte, daß er mich so tief liebte, daß er seinen einzigen Sohn Jesus sandte, um mich frei zu machen von aller Schuld, von aller inneren Verzweiflung. Daß er mir vergeben wollte, was mich jahrelang unendlich gequält hatte.

In einem von vielen Gesprächen mit Ruth Heil arbeiteten wir meine Vergangenheit auf. Wir gaben meinem niemals geborenen Kind den Namen Deborah Lea. Ich weiß, ich werde dieses Kind wiedersehen. Und ich weiß, daß es mich nicht anklagen wird. Jesus hat mein Versagen vergeben. Er hat bezahlt, was eigentlich nicht zu bezahlen ist: den Tod meines Kindes.

Inzwischen bin ich verheiratet. Ich habe einen Mann, dem ich vertrauen kann. Zusammen gehen wir den Weg mit Gott. Er hat uns bis heute festgehalten, und ich preise ihn, daß er uns den Weg zeigt, den wir gehen können.

Petra

Von Gott gehalten

In wieviel Not hat nicht der gnädige Gott über dir Flügel gebreitet.

Die Erinnerungen an meine Kindheit sind durchweg positiv.

Fröhlich und unbeschwert wuchs ich auf.

Oft war ich im Pfarrhaus bei Familie Heil und hütete deren kleine Kinder. Auch als sie umzogen, riß der Kontakt nicht ab.

Ich wollte Lehrerin werden und studierte deshalb nach dem Abitur an der Pädagogischen Hochschule in Karlsruhe. Dort kam es zur Begegnung mit meinem späteren Ehemann.

Damals konnte ich mich nicht für ihn entscheiden. Ich war hin- und hergerissen und voller Unsicherheit. Sollten wir zusammenbleiben oder auseinandergehen? Die Geborgenheit meines Elternhauses war so groß, daß ich mich innerlich kaum davon lösen konnte. Schwierigkeiten kannte ich kaum. Ich hatte nie große Entscheidungen treffen müssen. So fiel es mir sehr schwer, mich nun zu der Entscheidung durchzuringen, mich an Peter zu binden, der sich dies so sehr wünschte.

In dieser Zeit des inneren Zerrissenseins schreckte mich ein nächtlicher Tetanieanfall auf. Ich war schon zu Bett gegangen, als mein rechter Arm mitsamt meiner ganzen rechten Körperhälfte anfing, sich pelzig anzufühlen. Ich war kaum noch fähig, mich damit zu bewegen.

Die Diagnose des Arztes lautete: Calciummangel.

Nachdem der Arzt Calcium gespritzt hatte, ließen meine Beschwerden innerhalb kurzer Zeit nach. Ab jetzt hatte ich immer Calciumampullen vorrätig, falls sich dieses Phänomen wiederholen sollte.

Und es wiederholte sich. Allmählich gehörte es fast schon zu meinem Leben, daß der »harmlose« Anfall wiederkam. Ich wußte nun, daß ich nur eine Ampulle Calcium einnehmen mußte und damit wiederhergestellt war.

Eines Nachts wachte ich in meiner Studentenbude mit dem Gefühl auf, gar keinen Arm mehr zu haben. Er hing an mir wie gelähmt herunter. Auch das Medikament wirkte nicht. Noch war ich relativ gelassen, als die Ärztin mich untersuchte. Ich brauchte wahrscheinlich nur eine höhere Dosis, und alles würde wieder in Ordnung sein.

Aber diesmal funktionierte es nicht. Mein Arm blieb lahm.

Der zugezogene Neurologe zuckte nur mit den Achseln und drückte mir eine Überweisung ins Röntgeninstitut in die funktionsfähige Hand. Panik erfaßte mich. Ich konnte mich doch nicht mit einem gelähmten Arm in den Stadtverkehr begeben!

Wie erleichtert war ich, als mein Freund, dem ich inzwischen mehrere »Körbe« gegeben hatte, sofort bereit war, mich zu den verschiedenen Untersuchungen zu begleiten.

»Schädel-CT« stand auf meiner Überweisung. Damals hatte ich von dieser Untersuchung keine Ahnung. Es ist eine Computertomographie, die schichtweise alle Teile des Gehirns darstellt.

»O Herr, mein Gott, wohin führst du mich?« schrie es in meinem Innern.

Langsam spürte ich wieder Leben im Arm. Welche Dankbarkeit stieg zu Gott auf. Er war bei mir, das spürte ich.

Dann kam das Ergebnis der Untersuchung: »Meningeom in der Größe eines Hühnereies.«

Ich hatte also in meinem Kopf ein Gewächs, das bewirkt hatte, daß Teile meines Körpers nicht mehr richtig funktionierten.

Man informierte mich weiter: »Dieses Gewächs ist gutartig. Aber es muß herausgenommen werden. Bei dem heutigen Stand der Gehirnchirurgie haben Sie eine gute Aussicht auf Besserung Ihrer Beschwerden. Allerdings muß diese Operation bald geschehen, um Dauerschäden zu vermeiden.«

Es war ungemein schwer für mich, diesen Weg anzunehmen. Noch mehr als ich litten meine Eltern, die diese Diagnose wie ein Schlag traf.

Trotz allem Schweren fühlte ich mich mit einer ungeheuren Gotteskraft umgeben. Dies manifestierte sich in einem Bibelwort, das mir nun täglich auf irgendeine Weise »zufällig« begegnete. Es hieß:

»Ich werde nicht sterben, sondern leben und des Herrn Werke verkündigen« (Ps. 118, 17).

Schon zehn Tage nach der Operation wurde ich entlassen. Auf dem Kopf hatte ich eine riesige Narbe, dafür kaum noch Haare. Meine Mutter holte mich ab, »bewaffnet« mit einem wunderschönen Kopftuch. Das würde ich in der nächsten Zeit dringend brauchen.

In welch kurzer Zeit hatte Gott meinem Leben Tiefgang geschenkt! Ich kam aus dem Krankenhaus mit der Erfahrung von Leid. Welche Nöte hatte ich gesehen! Mein eigenes Leid wurde mir gering in Anbetracht des Elends, das ich erlebt hatte. Und Gott gab mir die Gnade, einige von diesen Menschen weiterbegleiten zu dürfen.

Heute weiß ich, daß dies die wohl wichtigste Etappe meines Lebens war.

Mein damaliger Freund ist jetzt mein Mann. Gott hat uns zwei süße Kinder geschenkt. Vieles, was für mich früher selbstverständlich gewesen wäre, ist mir heute bewußt als große Gnade.

Ich singe das Lied »Lobet den Herren, alle, die ihn ehren« in dem tiefen Wissen, daß ER es ist, der Leben schenkt. Dabei bewegt mich besonders der Vers, in dem es heißt:

»Daß unsre Sinnen wir noch brauchen können
und Händ und Füße, Zung und Lippen regen,
das haben wir zu danken seinem Segen.
Lobe den Herren!«

Karolina

Gott verändert Leben

Als älteste Tochter von fünf Kindern wuchs ich auf in einem Dorf im Hunsrück. Leider gab es in meinem Elternhaus wenig Zuneigung und Zärtlichkeit. Meine Eltern waren voll ausgelastet durch ihren Beruf und den Nebenerwerb in der Landwirtschaft. Wir mußten schon früh mithelfen. Eigentlich störte mich das auch nicht weiter, und ich half gern. Aber es gab kein Lob, keine Anerkennung, kein aufmunterndes Wort.

Deshalb war ich auf anderen Gebieten aktiv, um mir Bestätigung zu suchen. Ich spielte im Musikverein mit und arrangierte mich im Flötenkreis und in einer christlichen Jugendband.

Mit 16 Jahren absolvierte ich die Mittlere Reife und beendete später mit 20 die Ausbildung zur staatlich anerkannten Erzieherin. Neben der Arbeit betätigte ich mich in der Jugendarbeit, im Kindergottesdienst, beim Firmunterricht.

Wie sehr sehnte ich mich danach, einen Mann kennenzulernen, den ich lieben konnte und der mir seine Zuneigung schenken würde! Die Beziehungen, die ich hatte, hielten meist nicht lange an und waren unbefriedigend.

Meine inneren Konflikte führten dazu, daß ich mich selbst immer weniger leiden konnte. So wie ich war, wollte ich nicht sein. Mir gefiel meine Figur nicht. Ich kam mir zu dick vor. Mit 17 Jahren begann ich, mich von meiner »inneren Last« zu befreien. Immer häufiger steckte ich mir den Finger in den Hals, um zu erbrechen. Ich wußte damals nicht, daß dieses Krankheitsbild Bulimie (Eß-Brechsucht) heißt. Neun Jahre lang führte ich dies weiter, ohne daß es jemand bemerkte oder mich darauf ansprach. Meinen Körper vernachlässigte ich dabei mehr und mehr und enthielt ihm wichtige Aufbaustoffe vor.

Mit 24 Jahren verließ ich schließlich mein Elternhaus. Doch mein Suchtverhalten besserte sich nicht.

Dazu kamen schmerzvolle Erlebnisse wie z.B. der Selbstmord meines Vaters.

Endlich hatte ich den Mut, mich unserem Hausarzt anzuvertrauen. Dieser überwies mich in eine psychosomatische Klinik. Meine Bekannten und viele Freunde verstanden diesen Schritt nicht und schüttelten nur den Kopf über mich.

Während des dreimonatigen Aufenthalts lernte ich viele Menschen kennen, die ähnliche Probleme hatten wie ich. Sie alle waren auf der Suche nach einem besseren Leben und wollten gesund werden. Ich hatte verständnisvolle Therapeuten, viele gute Gespräche und genug Zeit, über mich selbst nachzudenken.

Tief drinnen war eine Sehnsucht nach Gott, die mich die ganze Zeit begleitet hatte. Aber wo war dieser Gott? Kannte er mich? Und wenn er mich kannte, warum half er mir nicht?

Nach dem Aufenthalt suchte ich mir eine neue Arbeitsstelle in einer anderen Umgebung. Wichtig war für mich auch das regelmäßige Essen, das ich dort einnehmen konnte.

Eine neue Stadt, neue Kollegen, weitere Begleitung durch den Psychologen, das waren gute Bedingungen, um neu anzufangen. Das Suchtverhalten machte mir nur noch selten Probleme.

Nun erwachte stark der Wunsch nach einem Menschen, an dessen Seite ich durchs Leben gehen wollte. Ich gab eine kostenlose Anzeige auf, um Kontakte zu knüpfen.

Eine aufregende Zeit begann. 15 Männer hatten auf meine Anzeige hin geantwortet. Einige davon wollte ich kennenlernen. Und das geschah auch.

Irgendwann nahm ich nochmals die Briefe zur Hand,

die ich als »erledigt« beiseite gelegt hatte. Diese Männer waren von ihren Lebensumständen her für mich eigentlich nicht in Frage gekommen. Aber der Brief von dem Mann, der zwei Kinder hatte, ließ mich einfach nicht mehr los.

Ich kann mir bis heute nicht erklären, was dazu führte, daß wir dann doch ein Treffen vereinbarten. Es war nicht Liebe auf den ersten Blick. Aber gerade dieses Kennenlernen mit Siegfried vertiefte sich, mehr als bei all den anderen Männern, die ich zuvor getroffen hatte. Irgend etwas war bei ihm anders. Ich lernte auch Siegfrieds Kinder kennen und lieben.

Siegfried war es, der mir von der Liebe Gottes erzählte. Er, der so Schweres erlebt hatte, sagte mir davon, daß Gott es gut mit uns meinte. Er sandte uns Jesus, um am Kreuz für all unsere Schuld zu sterben.

Es war für mich fast unfaßbar zu glauben, daß dieser ferne Gott, wie ich ihn in meiner Kirche erlebt hatte, mein persönlicher Heiland werden wollte.

Ich begann, mit Gott zu reden, wie man mit einem liebenden Vater spricht. Die Bibel wurde für mich lebendig. Ich fand Antwort auf meine drängenden Lebensfragen. Ja, mein ganzes Leben veränderte sich.

Nach einem Jahr heirateten wir. Gott hat mich so unendlich reich gemacht. Er hat mir Leben und volle Genüge geschenkt, neuen Sinn und neue Aufgaben.

Nach unserer Heirat wuchs der große Wunsch in mir, selbst Kinder zu bekommen. Doch schon nach wenigen Wochen schien es, als würde er nie in Erfüllung gehen. Ich hatte Schmerzen im Unterleib und mußte mich ins Krankenhaus begeben. Bei einer Bauchspiegelung fand man eine Zyste, die sich zudem noch entzündet hatte. Fünf Wochen lang folgte Untersuchung auf Untersuchung. Die Zyste füllte sich immer wieder mit Flüssigkeit, und die Ärzte reagierten mit Kopfschütteln.

Mein Mann und mein Schwager beteten treu für mich. Sie sprachen mir immer wieder Mut zu und sagten:

»Gott selbst wird entscheiden, wann der richtige Zeitpunkt für ein Kind gekommen sein wird.«

Danach wechselte ich den Arzt. Zweimal wurde ich operiert. Doch die Zyste bildete sich wieder neu und wanderte sogar.

Erschwerend war für mich zu erleben, wie aus dem Verwandtschafts- und Freundeskreis Frauen schwanger wurden. Eigentlich ging es mir gut, was Arbeit, Haushalt und die beiden Kinder anbelangte. Aber die Sehnsucht danach, ein Kindlein in mir zu tragen, war sehr groß.

Ich wechselte wieder den Arzt. Auch er machte mir wenig Hoffnung, je Kinder zu bekommen.

Kurz danach fuhren wir in Urlaub. Eigentlich hatte ich mich, wenn auch schweren Herzens, damit abgefunden, nun keine Kinder zu bekommen. So legte ich alles in Gottes Hände und vertraute mich ihm an. Er wußte es besser. Ich wollte einfach dankbar werden für das, was er mir geschenkt hatte: einen lieben Mann und zwei goldige Kinder.

Doch Gott hat unsere Gebete erhört. Ich wurde schwanger. Er schenkte uns einen kleinen Sohn.

Ich habe gelernt, daß er mich beschenken kann, aber

auch, daß ich ihm meine Wünsche ausliefern muß, so daß er mir geben kann, was am besten für mich ist.

Er verändert Leben, und so weiß ich, daß Gott mich an diesen Platz in diese Familie gestellt hat.

Das ist kein Zufall, sondern seine Gnade.

Die Not, die ich durchgemacht habe, und die große Hilfe Gottes, die mir widerfahren ist, haben mich befähigt, anderen Menschen mit Wort und Tat zu helfen. So engagiere ich mich im Flötenkreis, im Bibelkreis und im Frauengesprächskreis. Auch kümmere ich mich um Menschen, die in Not sind.

Elisabeth Heinz

Das Geplapper
aus dem Lautsprecher

Meine Freundin Renate und ich hatten ein gemeinsames Hobby: Uns verband die gesunde Ernährung. Da wir beide eine große Familie hatten, kam dies letztlich allen zugute, wenn wir gesund kochten, dachten wir.

Aber wir hatten noch eine weitere Gemeinsamkeit: verständnisvolle Ehemänner, die uns ab und zu einen Tag Urlaub von der Familie gönnten. Renate und ich nutzten das weidlich zum Bummeln und Austausch miteinander.

An diesem Tag nun hatten wir uns vorgenommen, unsere Getreidevorräte aufzufüllen. Dazu mußten wir eine weitere Strecke fahren. Unser Weg führte zu einer Bäuerin, die in der Nähe von Wels ihren Hof hatte.

»Du, heute findet in Wels ein Frauentag statt«, informierte mich meine Freundin. »Würde es dir etwas ausmachen, daran teilzunehmen? Mir würde es jedenfalls große Freude bereiten. Wenn du merkst, daß es dir nicht gefällt, können wir ja wieder gehen.«

Ich war mir nicht so sicher, daß es mir gefallen würde. Unter »Frauentag« konnte ich mir überhaupt nichts vorstellen. Ich erahnte nur, daß es vielleicht etwas Christliches sein könnte; denn meine Freundin erzählte mir hin und wieder »fromme« Sachen, die ich nicht ganz einordnen konnte.

Um Renate einen Gefallen zu tun, sagte ich ja. Warum sollte man nicht auch mal so etwas über sich ergehen lassen, wenn man dafür eine gute Freundin hatte?

Wir hatten unser Getreide besorgt und waren bei der Stadthalle in Wels angekommen. Die Veranstaltung hatte schon begonnen. Bevor wir hineingingen, suchten wir die Toilettenräume auf. Überall waren Lautsprecher angebracht, sogar bei diesen Räumlichkeiten. Ziemlich laut hörte ich durch die Boxen die Stimme der Sprecherin. Sie sprach schnell, und ich konnte ihr Geplapper kaum ertragen. Sollte ich mich nicht schnellstmöglich lieber wieder aus dem Staube machen? So hatte ich mir meinen »freien Tag« wirklich nicht vorgestellt.

Renate schaute mich fragend von der Seite an. »Nun ja«, dachte ich, »was tut man nicht alles für die beste Freundin.« Ich blieb.

Heute weiß ich, daß Renate Angst davor hatte, ich würde ihr die Freundschaft kündigen; denn sie sah in meinen Augen das Entsetzen.

Als wir dann in der Halle saßen, merkte ich, daß die »schreckliche« Stimme zu einer recht sympathischen Frau gehörte. Ihr Name war Ruth Heil. Erst jetzt begann ich, richtig hinzuhören. Ich war überrascht. Was diese Frau von Ehe und Familie und uns Frauen überhaupt zum Besten gab, entsprach völlig meinen eigenen Werten. Wie oft hatte auch ich mir eine harmonische Ehe und viele Kinder gewünscht. Und doch spürte ich immer, wie andere mit Unverständnis auf unsere drei Kinder reagierten.

Hier stand eine Frau, die mir so recht aus dem Herzen sprach. Aber diese Frau hatte noch etwas, das mir fremd war. Es war diese Ausstrahlung, die eine tiefe Freude widerspiegelte, nach der ich mich im Herzen sehnte, eine Art Glück, das mir weder mein Mann noch unsere Kinder bisher hatten geben können.

Als in ihrem Vortrag Jesus Christus mit einfloß, gingen bei mir die Lichter auf. Diese Frau war Christin. Mir wurde klar, daß nur Jesus das tiefste Sehnen meines Herzens stillen konnte.

Auf dem Heimweg durchlöcherte ich Renate mit Fragen. Ich wollte mehr von diesem Jesus wissen. Sie war sehr erleichtert, daß dieses Abenteuer zu einem guten Schluß gefunden hatte.

Oder doch nicht? Es war kein Schluß. Dies war erst

der Anfang meines Abenteuers auf dem Weg mit Jesus. Ein Ende ist nicht in Sicht!

Inzwischen hat auch mein Mann zu Jesus Christus gefunden. Wir können zusammen beten und miteinander in der Bibel lesen. Welch ein Segen ist es, diesen Jesus persönlich zu kennen!

Wie danke ich Renate dafür, daß sie mich »mitgeschleppt« hat zu diesem Vortrag. Und wie danke ich unserem Gott, daß ich ihn finden durfte!

Inzwischen hat Gott uns ein weiteres Kind anvertraut. Wir fühlen uns reich beschenkt.

Christa Reisenbichler

Blick in die Ewigkeit

Es war eine herrliche Urlaubszeit an der Nordsee. Unsere siebenjährigen Zwillinge waren begeistert von den rauschenden Wellen und dem warmen Sandstrand. Schade, daß diese Tage so schnell vergingen.

Zu Hause angekommen, merkte ich, daß irgend etwas in meinem Körper nicht in Ordnung war. Im Unterleib hatte ich immer wieder Schmerzen. So beschloß ich, einen Gynäkologen zu konsultieren. Nach einer etwas unangenehmen Untersuchung stellte dieser fest, daß ich ein Fibrom in der Gebärmutter hatte. Er verschrieb mir Tabletten, die ich noch am Abend des gleichen Tages einnehmen sollte.

Nachdem wir einen weiteren Termin vereinbart hatten, fuhr ich nach Hause. Ich vergaß dabei völlig, das Rezept in der Apotheke einzulösen.

Zur gewohnten Zeit begab ich mich zu Bett und schlief nach dem Abendgebet ruhig ein. Kurze Zeit danach begann ein schrecklicher Traum. Eine schwarze Hand kam auf mich zu, um mir etwas wegzunehmen. Ich wehrte mich mit allen Kräften dagegen, aber diese furchterregende Hand erschien immer wieder. Schweißgebadet wachte ich auf und konnte mir nicht erklären, was dieser Traum bedeuten sollte.

Am Morgen des neuen Tages ging ich zur Apotheke, um das Rezept einzulösen. Ich erhielt zwei große Tabletten, die ich zu Hause mit etwas Flüssigkeit einnehmen wollte.

Beim Auspacken der Medizin erinnerte mich eine innere Stimme an den nächtlichen Traum. Nun las ich die Packungsbeilage durch und erschrak. Diese Tabletten bewirkten nicht nur eine Ausstoßung von wucherndem Gewebe, sondern auch den Abbruch einer begonnenen Schwangerschaft.

War ich möglicherweise schwanger? Der Gynäkologe hatte ja nur von einem Fibrom gesprochen, das sich in der Gebärmutter eingenistet habe. Viele Fragen bewegten mich: Falls in mir Leben entstanden war, sollte ich dieses aufs Spiel setzen? Was würde geschehen, wenn das Fibrom weiterwucherte?

In meiner inneren Not und Verzweiflung betete ich zu meinem Herrn Jesus und bat ihn, mir zur rechten Entscheidung zu helfen. Nach diesem Gebet fiel mir wieder der nächtliche Traum ein. Nun wurde mir ganz klar, daß die schwarze Hand werdendes Leben wegnehmen wollte. Kurzerhand warf ich die beiden Tabletten in den Mülleimer. Daraufhin wurde ich innerlich ruhig und dankte Gott für seine klare Weisung.

Im Rückblick kann ich feststellen, daß Gott es war, der es verhinderte, daß ich die Medizin sofort kaufte und diese vielleicht leichtsinnig in Eile eingenommen hätte. Durch den merkwürdigen Traum warnte er mich vor dem größten Fehler meines Lebens.

Mein nächster Arztbesuch gestaltete sich sehr schwierig. Der Gynäkologe war besorgt darüber, daß ich die Tabletten nicht eingenommen hatte. In einer ernsten Aussprache erklärte er mir das Risiko einer Schwangerschaft und daß er keinerlei Verantwortung übernehmen könne. In meinem Alter von nahezu 40 Jahren und unter den vorhandenen Schwierigkeiten Nachwuchs zu bekommen, hielt er für unverantwortlich für mich und für das Kind. Abschließend äußerte er, daß er nur hoffen und wünschen könne, daß sich das Fibrom zurückbilde und dem Fötus nicht schade.

Innerlich aufgewühlt verließ ich die Praxis. Sollte ich doch einen Fehler begangen haben?

Die ganze Schwangerschaft hindurch beteten mein Mann, die Zwillinge und ich täglich für unser zu erwartendes Kindlein. Während der Schwangerschaft stellten sich immer wieder Beschwerden ein, die jedoch mit

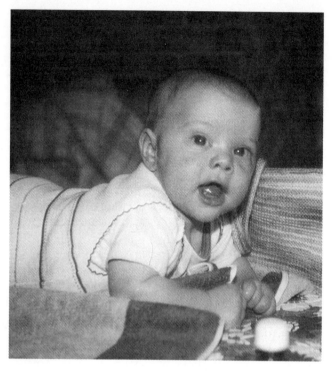

Gottes Hilfe und ärztlichem Eingreifen überwunden werden konnten.

Durch Kreislauf- und andere Schwierigkeiten bedingt, mußte ich schon einige Tage vor dem errechneten Geburtstermin ins Krankenhaus. Am 29. April schenkte uns Gott dann einen nahezu acht Pfund schweren Sohn. Wie waren wir Gott dankbar, daß unser Kind gesund zur Welt kommen durfte!

Der Gynäkologe bezeichnete es als Wunder, daß das Kind in keiner Weise geschädigt war. Das Fibrom war nämlich, entgegen seinen Hoffnungen, in großem Maße weitergewuchert.

Gleich nach der Geburt wurden zwei weitere Ärzte zugezogen, um über die dringlich gewordene Operation zu beraten. Es blieb nicht einmal Zeit, um mein Einverständnis einzuholen, denn der Blutverlust war zu dem Zeitpunkt schon so groß, daß man schnell handeln wollte.

Erschwerend war die Tatsache, daß ich eine Besonderheit in meinem Blut habe, die es nur bei wenigen Menschen gibt.

Man wollte deshalb mit der Operation möglichst schnell beginnen, um den Blutverlust so gering wie möglich zu halten. Zwei Frauen, bei denen eine ähnliche Besonderheit im Blut vorhanden war, waren bei einer Operation daran verstorben, wie ich später erfuhr. Das Zuführen von Blut ihrer Blutgruppe, aber ohne den besonderen Zusatzfaktor, hatte bei beiden zum Tod geführt. (Dieser »Zusatzfaktor« ist bisher nur in einem bestimmten Gebiet der Pfalz festgestellt worden und noch nicht erforscht. Man weiß inzwischen nur, daß er bei Rothaarigen und blauäugigen Personen vorkommt.)

In Eile wurde alles vorbereitet. Kurz nach der Geburt lag ich im OP. Die Operation bewirkte wiederum einen großen Blutverlust. Sieben Blutkonserven wurden notwendig. Es erging mir wie den beiden Frauen vor mir. Der klinische Tod stellte sich ein.

Dies ist der Ausdruck dafür, daß nicht nur das Herz versagt, sondern auch keine Gehirnströme mehr meßbar sind.

Als alle Wiederbelebungsversuche versagten, schob man mich an die Wand des Operationssaales.

Während dieser Zeit durfte ich einen Blick in die Ewigkeit tun. Den Glanz, das klare, herrliche, sanfte Licht und die reine Atmosphäre, die hier herrschten, kann ich mit menschlichen Worten nicht beschreiben. Ich hatte ein herrliches Wohlgefühl, und natürlich spürte ich keinerlei Schmerzen. Alles Irdische war hinweggetan und außerhalb meines Bewußtseins. Unbeschreibliche Schönheit, ja Herrlichkeit umgab mich. Ich fühlte mich sehr wohl. Hier wollte ich immer bleiben. Plötzlich hörte ich eine Stimme, die ganz deutlich zu mir sprach: »Du kannst hier nicht bleiben, du mußt zurück, drei kleine Kinder warten auf dich!«

Es dauerte eine ganze Zeit, bis ich verstandesmäßig erfassen konnte, was diese Stimme ausgesagt hatte. Meine Enttäuschung war sehr groß. Aber dann begriff ich, daß ich weiterhin für meine Familie auf der Erde dasein mußte.

Vier Stunden nach der Operation kam ich wieder zum Bewußtsein.

Irgend jemand hatte bemerkt, daß ich mich bewegte. Plötzlich kam in den ganzen Operationssaal Leben. Ärzte bemühten sich erneut um mich. Danach kam ich in die Intensivpflege. Eine nette Krankenschwester wurde als Dauernachtwache zu meiner Betreuung eingestellt.

Unter ihrer liebevollen Pflege und mit künstlicher Ernährung erholte ich mich langsam. Nach einiger Zeit konnte ich die Intensivstation verlassen – und nach etlichen Wochen auch das Krankenhaus.

Mit meinem kleinen Markus-Matthias, dem Gottesgeschenk, konnte ich dankbar die Heimreise antreten. Er war zwischenzeitlich schon einige Wochen alt, gesund und kräftig.

Unser Heiland hat alles so wunderbar geführt, daß wir ihm nicht genug dankbar sein können für alle seine Liebe und Treue, Durchhilfe und Bewahrung.

Ich danke dem Herrn, daß ich meine Aufgabe auf der Erde noch erfüllen darf. Und doch ist in mir die große Vorfreude auf den Tag, an dem mich Jesus Christus abholen wird, um für immer bei ihm zu sein.

Ruth Boyer

Kinder sind eine Gabe des Herrn

Als wir heirateten, hatten wir nicht sehr viele Zukunftspläne. Aber eines wußten wir: Wir wollten uns ein kleines Häuschen bauen, und wir wünschten uns Kinder.

Nach drei Wochen endeten unsere Flitterwochen mit einem harten Schicksalsschlag. Der Bruder meines Mannes starb plötzlich. Mit ihm starb ein Teil unserer Träume. Wer sollte uns beim Hausbau helfen?

So blieb alles beim alten. Wir lebten im Haus meiner Eltern in unserem eigenen kleinen Haushalt. Mein Mann arbeitete als Kaufmann, ich hatte ebenso einen gutbezahlten Job.

Zwei Jahre nach unserer Hochzeit stellte sich bei der Schwester meines Mannes Nachwuchs ein. Die Sehnsucht in uns nach einem Kind wuchs.

Ich ging zum Frauenarzt. Nach einigen unangenehmen Untersuchungen und monatelangen Temperaturmessungen stellte sich immer noch kein Erfolg ein. Nun wurde auch mein Mann untersucht.

Es folgten oft tägliche Besuche beim Frauenarzt. Hormonspritzen und »Liebe nach Plan« bestimmten unser Leben. Die Situation im Betrieb gab mir den Rest. Eine Kollegin nach der anderen wurde schwanger. Die ständigen Nachfragen, wann wir uns denn endlich auch aufrafften, ein Kind zu haben, bedrückte uns schwer. Die Großeltern auf beiden Seiten waren dabei auch nicht besonders geduldig. Schließlich erwartete auch noch die Freundin meines Bruders ein Kind, und sie nahmen dies zum Anlaß zu heiraten. Für mich brach die Welt zusammen. Ich konnte keine schwangere Frau mehr sehen, ohne daß mir die Tränen kamen.

Mit meinen Nerven war ich so sehr am Ende, daß ich

mich in nervenärztliche Behandlung begab. Ich gab meinen Job auf und engagierte mich mehr in der Gemeinde.

Diejenigen, die um unser Problem wußten, beteten für uns.

Das war uns eine wirkliche Hilfe.

Nachdem ich mich etwas erholt hatte, wurde ich schwanger. Die Freude war übergroß. Doch um so härter traf uns der Schlag, als es in der zehnten Woche zu einer Fehlgeburt kam.

Wollte Gott uns wirklich kein Kind schenken?

Fast fünf Jahre waren wir nun schon verheiratet – und immer noch kein Kind!

In dieser Zeit sprach Ruth Heil in unserer Gemeinde. Nervlich war ich ziemlich durcheinander. Obwohl mein Mann liebevoll auf mich einging, konnte ich das alles nicht verkraften. Wo war dieser liebende Gott, der alles weiß, alles versteht und uns durchhilft? Ich wollte ihm so gerne vertrauen, aber da war auch so viel Angst in mir.

Ich erzählte Ruth Heil meine tiefen Nöte. »Wollen wir Gott noch einmal gemeinsam bitten, daß er Ihnen ein Kind schenkt?« fragte sie mich. »Darf ich mit Ihnen beten?« Ich bejahte es. Sie betete für mich und segnete mich für mein Muttersein.

Damals wußte ich noch nicht, daß der Segen Gottes sehr anstrengend sein kann. Gott begann damit, uns zu geben, worum wir ihn so herzlich gebeten hatten . . .

Nach der Fehlgeburt begann ich nach einiger Zeit mit einer erneuten Hormonbehandlung.

Eine Cousine überredete mich dazu, einen dreijährigen Fortbildungskurs zu belegen. Um nicht ständig auf ein Baby fixiert zu sein, sagte ich zu. So drückte ich nach vielen Jahren wieder ein- bis zweimal in der Woche die Schulbank.

Die Schule machte mir Spaß, ich lebte richtig auf.

Es waren erst drei Monate nach unserem gemeinsamen Gebet um ein weiteres Kind vergangen, als ich erneut schwanger wurde. Die Freude war getrübt durch die Angst vor einer erneuten Fehlgeburt. Erst als die 15. Schwangerschaftswoche überschritten war und der Arzt uns versicherte, daß alles in Ordnung sei, konnten wir die neue Lebenssituation richtig genießen.

Da mir die Schwangerschaft keinerlei Probleme bereitete, setzte ich meinen Meisterkurs fort. Trotz aller Vorfreude war natürlich auch Angst vor der Geburt da.

Seit unserem erneuten Gebet um ein Kind war genau ein Jahr vergangen. Um den Geburtstermin herum war ich dann einen Tag vorher mit vorzeitigem Blasensprung im Krankenhaus. Montags hielten wir unser Söhnchen in den Armen. Mein Mann war bei der Geburt dabei. Als er mich nach sechs Tagen nach Hause holte, freuten wir uns auf die herrliche Zeit, Eltern zu sein.

Leider waren wir sehr schnell ernüchtert. Unser Kleiner schrie fast ununterbrochen. Er beruhigte sich nur an der Brust. Jedes Stillen wurde zur Tortur, weil meine Brustwarzen inzwischen wund waren. Nach zehn Wochen waren wir als Eltern total am Ende. Ich begann zuzufüttern, weil meine Milch knapp wurde. Unser Kind war von dieser Nahrung mehr begeistert als von meiner Milch und wollte nicht mehr an meine Brust. Ich war frustriert. »Mach deine Schule weiter«, riet mir meine Mutter. »Ich werde in dieser Zeit euer Kind nehmen.« So ging ich wieder an zwei Tagen in der Woche zur Schule. Als unser Junge 15 Monate alt war, begannen meine Prüfungstage. Markus war inzwischen ein lieber, ausgeglichener Junge, an dem wir viel Freude hatten.

Die beiden ersten Prüfungstage gingen gut vorbei. Doch vor dem dritten fühlte ich mich elend. Mir war schlecht, ich mußte mich übergeben und ging mit leerem Magen in die Prüfung.

Dies alles schob ich auf den Prüfungsstreß. Doch die schriftlichen Prüfungen waren schon lange vorbei, und mein Zustand hielt an. Jetzt erst begriff ich, daß ich wieder schwanger war. Doch die Freude darüber war sehr begrenzt. Es ging mir viel zu elend. Und die praktische Prüfung mußte auch noch überstanden werden.

Doch Gott schenkte auch da Gnade zum Gelingen.

Sechs Tage vor dem errechneten Geburtstermin bekam ich in einer Feierstunde den Meisterbrief überreicht.

Acht Tage später war unser »Meisterkind« auf der Welt.

Mit großer Freude betrachteten mein Mann und ich unsere kleine Tochter. Zu unserem Schmerz mußte sie gleich in eine Kinderklinik. Aber Gott schenkte uns das Wunder, daß sie zehn Tage später wieder zu Hause war. Dieses Kind schlief schon bald durch, war völlig unkompliziert, fast erholsam. Auch unser Junge war inzwischen unproblematisch. Zum ersten Mal konnten wir unser Elternsein richtig genießen.

Inzwischen hatte sich manches an unseren Verhältnissen geändert. Wir waren in unser eigenes Heim umgezogen, und wir wünschten uns noch ein Kind.

Kurze Zeit später war ich schwanger. Während der gesamten Schwangerschaft fühlte ich mich wohl. Unser Elternglück war perfekt. An einem Weihnachtstag durften wir unser drittes Kind nach Hause bringen.

Einige Zeit war vergangen, als wir jede Menge Gäste für längere Zeit bei uns hatten. Wir halfen alle zusammen und hatten eine gute Zeit miteinander. Doch dann wurde die eine Frau sehr krank und mußte ins Krankenhaus. Der zwölfköpfige Haushalt wuchs mir über den Kopf. Mir war elend von der Überforderung. Doch nachdem alle wieder abgereist waren und alles seinen gewohnten Gang hatte, fragte ich mich, warum mein Elendsein anhielt. Da kam mir ins Bewußtsein, daß ich seit der letzten Geburt noch keine richtige Regelblutung gehabt hatte . . .

Trotz Vorsichtsmaßnahmen war ich wieder schwanger geworden! Ich hielt mich ständig in der Nähe von Toiletten auf. Kaum war ich fähig, unsere anderen Kinder zu versorgen. Das Ungeborene war zu diesem Zeitpunkt nicht unbedingt willkommen . . .

Ich konnte einfach nicht mehr.

Als die kleine Tochter geboren war, begann das Drama, das wir mit unserem ersten Kind durchgemacht hatten, von neuem. Wir waren völlig erschöpft und fühlten uns manchmal wie Rabeneltern, weil wir das Kind nicht beruhigen konnten. Aber auch das nahm ein Ende. Mit sechs Wochen war die Schreizeit ziemlich überstanden.

Es wäre einfach gelogen, wenn ich sagen würde, daß immer alles glatt abgehen würde. An manchen Tagen fühle ich mich überfordert. Es gibt Stunden, in denen ich nur Probleme sehe mit Arbeit oder auch in der Erziehung.

Und doch finde ich mein Leben so erfüllt, wie ich es mir nie hätte träumen lassen. Keines unserer Kinder wollten wir wieder hergeben, und mit niemandem auf der Welt würde ich mein Los tauschen! Gott ist so groß, daß er uns Aufgaben zutraut, die wir uns selbst nie so aussuchen würden.

»Kinder sind eine Gabe des Herrn« , das steht in Psalm 127. Gott ist es, der die Zeitpunkte setzt. Wir wollten unbedingt Kinder, aber er ließ uns zuerst lange darauf warten. Dann schenkte er uns wiederum mehr, als wir jeweils geplant hatten. Wir wollen ihm zutrauen, daß er die bessere Planung hat als wir selbst.

Kerstin

Befreit aus der Macht der Finsternis

Für fast alle Krankheiten gibt es Arzneien. Aber die schreckliche Krankheit, unerwünscht zu sein, kann nur geheilt werden durch liebende Herzen und willige Hände, die die Wunden verbinden.　　　　　*M. Theresa*

Das Gefühl der Ablehnung zerstörte mein junges Leben.

Meine Mutter hatte schon fünf Kinder, bevor ich zur Welt kam. Zu dieser Zeit zog sie mit meiner ältesten Schwester durchs Hurenviertel im »Jungbusch« in Mannheim. Dort lernte sie auch den 22 Jahre jüngeren R. kennen. Dieser Mann wurde von der Polizei gesucht. Meine Mutter nahm ihn zu sich und deckte ihn. Zunächst bestand zwischen Mutter und diesem jungen Mann eine Art Mutter-Sohn-Verhältnis, bis er sich als gerissener Kerl entpuppte. Es kam heraus, daß er junge Mädchen an farbige Soldaten verkaufte. Das erwies sich als ein lohnendes Geschäft, und auf diese Weise hatte unsere Familie genug Geld. Schließlich wurde Mutter von ihm schwanger. Das paßte niemandem ins Konzept. Mutter erklärte mir später, daß sie mich hätte »wegmachen« lassen, wäre es nicht zu spät und die Schwangerschaft zu weit fortgeschritten gewesen.

An einem trüben Novembertag erblickte ich das Licht der Welt – oder besser gesagt, das Elend dieser Welt. Dies war der Beginn der Entdeckung, ein Nichts zu sein und auf dieser Welt allenfalls geduldet, nicht aber willkommen zu sein. Ich muß ca. ein Jahr alt gewesen sein, als meine Mutter ins Krankenhaus mußte. Mein Vater setzte mich im dunklen Zimmer in den Laufstall und überließ mich meinem Schicksal. Er kam nur, um irgend etwas abzuholen oder zu bringen. Mein Geschrei kümmerte ihn nicht. Nachbarn aber berichteten meiner Mutter von meinem Schreien. So kam sie umgehend nach Hause. Dort fand sie mich in einem total vernachlässigten Zustand. Möglicherweise hatte er mir die ganze Zeit nichts zu essen gegeben. Wahrscheinlich hätte er mich verhungern lassen.

Mutter brachte mich für einige Zeit zu Bekannten nach Gießen, damit ich wenigstens versorgt sein würde.

Ich war etwa fünf Jahre alt, als Vater mal wieder im Gefängnis saß. Mutter hatte deshalb auch kein Geld und konnte die fällige Miete nicht zahlen. Unsere Wohnung wurde zwangsgeräumt. NIE vergesse ich das Bild, als es soweit war: Fremde Menschen begannen, unsere Habe in einen Lastwagen zu verladen. Mutter stand verzweifelt weinend an der Tür und schrie, daß sie nicht mehr leben wolle.

Die Nachbarin nahm mich zu sich, bis sich Mutter gefangen hatte. Eigentlich ging es mir gut bei ihr. Aber die Nachbarskinder quälten mich furchtbar. Kinder können grausam sein. Sie bekamen schnell heraus, daß Vater im Gefängnis war. So hänselten sie mich täglich, und ich mußte lernen, mich zu wehren.

Als Vater dann wieder nach Hause kam, wurde es auch nicht besser. Eines Tages kam ich mit vielen blauen Flecken nach Hause und klagte ihm mein Leid. Aber das störte ihn nicht. Im Gegenteil. Er sagte drohend zu mir: »Wenn du wieder nach Hause kommst und erzählst mir, sie hätten dich geschlagen, bekommst du von mir zusätzlich noch Hiebe.« Ich hatte zwar nach außen einen Vater. Aber innerlich gab es keinerlei Beziehung zu ihm.

Ich mußte lernen, alleine durchzukommen. So entwickelte sich aus mir eine beißende, kratzende Wildkatze.

Oft hatten wir kaum etwas zu essen. Zwar verdienten die Eltern jetzt ein bißchen Geld damit, daß sie als Scherenschleifer unterwegs waren. Aber das Geschäft ging schlecht. Aus Mitleid gaben uns manche Leute Geld, wenn sie mich sahen. Sie sagten, ich sähe aus wie eine lebende Leiche.

Oft waren wir auf der Suche nach Vater. Wenn wir ihn endlich fanden, hatte er sein Geld schon wieder mit Prostituierten durchgebracht. Er führte eine Art Club, in dem er versuchte, zu Geld zu kommen. Als ich etwas älter war, durfte ich dort mitarbeiten. Doch verbot er mir, die anderen wissen zu lassen, daß ich seine Tochter sei. Ich mußte ihn mit »Sie« ansprechen.

Mutter bediente dann in einem Wirtshaus. Ich mußte auf die kleine Wirtstochter aufpassen. Irgend etwas an mir zog offensichtlich die Jungs und Männer an. Obwohl ich es nicht wollte, kam ich so in immer neue Schwierigkeiten. Der Bruder des kleinen Mädchens zwang mich dazu, mit ihm Zärtlichkeiten auszutauschen, die ich nicht mochte. Am liebsten hätte ich laut geschrien. Aber ich hatte solche Angst davor, daß Mutter die Stelle verlieren würde. So schwieg ich. »Dir glaubt sowieso keiner«, lachte er mich aus, als ich ihm drohte, ihn zu verraten. »Du wohnst doch in der Zigeunersiedlung!« Mit meiner Mutter darüber zu reden, war zwecklos. Wenn ich mich über etwas beklagte, bekam ich die immer gleiche Antwort: »Man hätte dich ›Bangert‹ bei der Geburt an die Wand knallen sollen.« Wenn man solche Aussagen täglich hört, fängt man an, ihnen Glauben zu schenken. Man beginnt, sich selbst zu hassen. Und man versucht alles, um ein bißchen Liebe zu bekommen.

Ich lernte K. kennen. Er gab sich als der nette Onkel aus. Für einige Zeit hatte sein Schiff im Hafen angelegt. Ich schöpfte Hoffnung. Vielleicht konnte er mich mitnehmen. Endlich war jemand da, der mich in die Arme nahm. Ich kann mich nicht erinnern, jemals auf dem Schoß meiner Mutter gesessen zu haben. Nun meinte ich, jemanden zu haben, der mich wirklich liebte.

Leider artete diese Liebe schnell in Sexualität aus.

Ich fühlte mich wie ein Eimer, den man erst braucht und dann wegwirft. In mir breitete sich eine ungeheure Leere aus. Da ich schließlich sein Spiel nicht mehr mitmachte, wurde er brutal. So stand ich mit gerade zehn Jahren zum ersten Mal vor Gericht wegen sexuellen Mißbrauchs. Mit Bonbons versuchte die Richterin, mich zum Reden zu bringen.

Leider konnte ich mit meiner Mutter nie über meine Probleme sprechen. Für sie war ich ganz schlicht eine Hure. Sie vergaß wohl, daß sie selbst Kinder von drei verschiedenen Männern hatte.

Die Schule war ein einziges Drama. Wenn ich mich wirklich mal wieder aufraffte hinzugehen, gab es meist nur Ärger. Oft war ich so müde, daß ich einschlief. Dann traf mich der Schlüsselbund des Lehrers. Als Folge blieb ich wieder weg.

Lieber ging ich mit den älteren Jugendlichen auf Tour. Unser Frühstück bestand aus Rumkugeln, Schnapsbohnen und Cola. Die Eltern der anderen Kinder forderten, ich solle von der Schule verwiesen werden. Sie wollten nicht, daß mein Einfluß auf ihre Kinder übergriff.

Dann tauchte eine neue Lehrerin auf. Sie nahm sich Zeit, um sich mit mir zu unterhalten. Als sie mir die Hand gab, zeichnete sie mir mit dem Finger ein Kreuz hinein. Sie war katholisch. Da ich solch eine schlimme Vorgeschichte hatte, dachte ich, sie sei lesbisch. Nur deshalb wäre sie gut zu mir. Irgendwann würde sie auch nur meinen Körper wollen. Aber sie meinte es wirklich gut.

Oft schenkte sie mir Geld, damit ich mir ein Frühstück besorgen konnte. Ich konnte es nicht begreifen, daß sie es ganz selbstlos tat. Immer überlegte ich mir, was die Falle dabei sei.

Als sie schließlich schwanger wurde, begann ich, sie dafür zu hassen. Für mich war schwanger sein etwas Schlechtes. Von meiner Mutter hatte ich ja fast täglich gehört, daß es furchtbar war, mich als »Bangert« in sich wachsen zu spüren. Außerdem verband ich Schwangersein mit Sterben. Mutter erzählte mir nämlich, daß es sie fast das Leben gekostet hätte, als sie mich zur Welt brachte.

Eines Tages nahm die Lehrerin meine Hand und legte sie auf ihren Bauch. Da konnte ich spüren, wie das Kind sich bewegte. Dieses Erlebnis beschäftigte mich stark. Aber eigentlich war mir noch wichtiger, daß ich der Lehrerin nicht gleichgültig war. Leider kam sie dann an eine andere Schule, und so ging dieser kleine Funken Hoffnung, als Mensch angenommen zu sein, auch wieder aus.

Dreimal in der Woche mußte ich einem 70jährigen auf dem Markt helfen. In dieser Zeit schwänzte ich dafür wieder ganz die Schule. Ich war durch diese Mithilfe mit Essen versorgt. Aber es war ein teurer Preis, den ich dafür hergeben mußte: Ich bezahlte mit meinem Körper. Zwar haßte ich mich selbst dafür, daß ich es zuließ, und doch blieb mir keine andere Wahl. Auf diese Weise hatte ich wenigstens genug zu essen.

Das einzige Gesetz, das ich gelernt hatte, hieß:

»Nur wenn du den anderen überlegen bist, wirst du akzeptiert.«

Wir wohnten sehr eng. Es gab deshalb kein Bett, sondern nur eine Couch in der Ecke des Zimmers. Nirgends konnte ich zur Ruhe finden. Wenn ich endlich am Einschlafen war, versuchte mein Vater manchmal, mich sexuell zu berühren.

So lernte ich, mich nirgends ruhig aufzuhalten, weil das immer Gefahr bedeutete.

Verschiedentlich fühlte ich mich nach dem Essen so elend, daß ich den Eindruck hatte, Vater oder Mutter habe Gift ins Essen gemischt, um mich umzubringen. Dies wurde dann auch nachgewiesen, und Vater kam für einige Zeit ins Gefängnis.

Ich war zwischen elf und zwölf Jahre alt, als Vater aus unserem Leben verschwand. Mutter lud ihren Haß auf mich ab. Alles, was sie meinem Vater hätte antun wollen, bekam ich jetzt ab.

Es war mir in dieser Zeit alles egal. Ich wäre lieber tot gewesen, als so weiterzuleben.

Um in unserem Viertel einigermaßen geschützt zu sein vor den Gewalttaten der anderen, mußte man sich einer Bande anschließen. Das Schlimme war nur, daß man sich harten Aufnahmeprüfungen unterziehen mußte. Eine bestand z.B. darin, daß man voll in die Magengegend hineingeschlagen wurde und man dabei nicht einmal zucken durfte. Noch andere Grausamkeiten mußte ich ertragen. Aber schließlich war es mir zuviel. Als ein weiteres Bandenmitglied mich schlug, wehrte ich mich schließlich und schlug zurück. Nun hatte ich keine Chance mehr, aufgenommen zu werden. Die Chefin war allerdings so pervers, daß sie mich danach stundenlang weiterquälte. Es gab kein Entrinnen.

Selbst, wenn ich mich zu diesem Zeitpunkt jemandem anvertraut hätte, so hätte mir kaum jemand geglaubt.

Meine Mutter versuchte schließlich, aus dem Milieu herauszukommen. Wir zogen in eine andere Gegend. Aber auch ein Wohnungswechsel schafft keine grundlegende Veränderung im Leben eines Menschen. Dieser Prozeß muß von innen heraus kommen. Jetzt hatte ich zwar ein eigenes Zimmer und eine eigene Couch, aber ich fühlte mich wie ein eingesperrter Tiger.

In der Siedlung war alles offen gewesen. Jeder konnte bei jedem hereinschauen, kaum eine Haustür war verschlossen.

Jeder kannte jeden. Nun aber wohnten wir in sogenannten geregelten Verhältnissen. Wir kannten keine Menschenseele in der Nachbarschaft, und Mutter verbot uns zudem, mit anderen Kontakt aufzunehmen. Bei der Frage nach dem Vater sollten wir antworten, er sei verstorben. Ich log dies so oft, bis ich es schließlich selbst glaubte.

Ich war 16 oder 17 Jahre alt, als Vater eines Tages vor der Tür stand. Als ich ihn wiedersah, flammte der Haß gegen ihn neu auf.

Irgendwann entschloß ich mich dann, keine Gefühle mehr zu haben und nicht mehr zu weinen. Ich stürzte mich in eine Tanzgruppe. Diese Art war nicht mein Stil, aber ich tat alles, um billig an Alkohol und Zigaretten zu kommen. Mit 17 wurde mir gesagt, ich sähe wie 30 aus. Genauso fühlte ich mich auch. Wenn ich mit anderen zusammen war, gab ich mich stark, aber wenn alle fort waren, kam eine abgrundtiefe Verzweiflung über mich. Manchmal lief ich nachts durch die Straßen und sang meinen Schmerz hinaus. Wenn ich in die Wohnungsfenster der anderen schaute, erfüllte es mich mit Haß, wenn Familien friedlich beieinandersaßen. Deshalb schlug ich speziell Kinder, die aus geordneten Verhältnissen kamen.

Eine böse Frau aus der Siedlung hetzte mich dazu auf, diese Kinder noch mehr zu schlagen. Sie jubelte mir zu wie auf dem Fußballplatz, wenn sie mich beobachtet hatte.

Einige Male versuchte ich, aus dem Leben auszusteigen. Doch die Medikamente, die ich mir besorgt hatte, reichten nicht. Oder ich wurde vorher gefunden, und der Magen wurde ausgepumpt. Schwestern und Ärzte schrien mich an. Wahrscheinlich meinten sie, daß man mit Härte bei mir etwas erreichen konnte. Aber niemand fragte mich je nach meinen Motiven. Im Grunde interessierte sich niemand für mich.

Mit 18 Jahren wurde ich in ein Kurheim eingewiesen. Ich war zu dieser Zeit so fertig, daß ich zu allem fähig war. Manchmal stand ich mit einem Brotmesser vor dem Bett meiner Mutter, um sie umzubringen. Ich war so voller Haß, daß ich es getan hätte, wäre da nicht eine unsichtbare Macht gewesen, die mich zurückgehalten hätte. Von Jesus wußte ich damals noch nichts.

Meine Mutter schlief immer mit dem Geld unterm Kopfkissen. Ich haßte es, sie zu küssen, aber manchmal tat ich es trotzdem, um so an ihren Geldbeutel heranzukommen.

Gesundheitlich ging es mir zu dieser Zeit sehr schlecht. Ich hatte Atemnot, schlief schlecht und litt unter Alpträumen. Durch Alkohol und Nikotinvergiftung war ich so angegriffen, daß ich zu einer Kur mußte. Diese Anstalt wurde von Diakonissen geführt. Ich hatte keine Ahnung davon, was ich mir unter Diakonissen vorstellen sollte.

Mir wurden die verschiedenen Hausregeln mitgeteilt. Dazu gehörte auch Alkoholverbot. Sehr schwer nur konnte ich mich an die geregelten Essenszeiten gewöhnen. Ich hatte bislang nur diese Regelung gekannt: »Man ißt, wenn man gerade etwas hat.« Dieser Rhythmus in allen Dingen gab mir wieder das Gefühl, eingesperrt zu sein. Und dann sangen sie auch noch Lieder, deren Sinn ich nicht verstehen konnte, und beteten.

Meine Mutter hatte mich zuvor schon darauf vorbereitet gehabt. »Du mußt dich dort gut benehmen, es ist etwas Frommes« , hatte sie mich vor meinem Weggehen ermahnt. So hatte ich vor dem Spiegel eingeübt, wie ich die Lippen zu bewegen und die Hände zu falten hatte. Aber ich hatte keinerlei Ahnung, was Beten wirklich heißt. Vom Kindergarten her konnte ich mich ein wenig an ein Abendgebet erinnern: »Müde bin ich, geh zur

Ruh.« Das war alles. Und wenn ich in unserem Wohnblock die Polizei entdeckt hatte, dann hatte ich auch immer versucht, das zu beten. Manchmal zehnmal hintereinander in der Hoffnung, daß die Polizei nicht uns suchte.

Obwohl ich es bei den Diakonissen gut hatte, hielt ich die geordneten Verhältnisse nicht aus. Ich ging wieder zurück zu meiner Mutter. Zum Glück war wenigstens der Vater nicht mehr da. Ich hatte Angst vor diesem Mann, der Meineide schwor. »Beim Augenlicht meines Kindes«, schwor er auf die Bibel. Vielleicht sehe ich deshalb auf dem linken Auge nur 30 Prozent.

Eine Diakonisse lud mich immer zur Bibelstunde ein, wenn sie mich traf. Eigentlich hatte ich dazu keinerlei Lust. Aber als sie mich immer neu bedrängte, ging ich hin, um endlich meine Ruhe vor ihr zu haben.

Es wurde ein Text aus der Bibel gelesen, der mich tief ansprach. Die Schwester fügte einiges an Auslegung hinzu, das mich furchtbar wütend machte. Denn ich erkannte mich selbst in all den Aussagen. Jemand mußte ihr von mir erzählt haben! Ganz gewiß, nur so konnte es sein, daß sie so viel von mir wußte. Nach außen gab ich mich zwar gelassen, aber ich nahm mir vor, mit ihr nach dem Vortrag abzurechnen. Doch ich war so fertig, daß ich gar nichts tun konnte. Eine innere Angst hatte mich gepackt, weil ich das erste Mal im Leben über die Ewigkeit nachdachte. Wo würde ich sein, wenn dieses Leben hier vorbei wäre? Auch mein heruntergestammeltes Kindergebet nützte jetzt nichts. So sagte ich: »Oh Gott, solltest du wirklich existieren, dann mach was – ich bin fertig.«

Ich glaubte eigentlich nicht, daß etwas geschehen würde. Aber nach einer Weile kam es mir vor, als würde in mir etwas zerplatzen. Eine nie gekannte Ruhe breitete sich in mir aus. Am nächsten Tag ging ich wieder zu dieser Schwester. Sie betete mit mir und sagte mir ein Gebet vor, das ich nachsprechen konnte.

Nun merkte ich, wie Gott in meinem Leben anfing zu wirken.

Als ich wieder bei Mutter war, vermißte ich die freundlichen Worte der Schwestern.

Ich bekam eine Möglichkeit, meinen Hauptschulabschluß nachzuholen. Für kurze Zeit wurde ich zwar wieder rückfällig, konnte dann aber mit der Schule fortfahren.

Ein liebes Ehepaar half mir dabei.

Später ging ich nach Lörrach. Dort hatte ich zum ersten Mal Kontakt mit der Heilsarmee. Die Uniform war mir zunächst fremd und stieß mich ab. Doch ich glaubte, wenn ich sie auch tragen würde, könnte ich nichts Böses mehr tun. Heute weiß ich, daß nur die Befreiung durch Jesus mich schützen kann. Dadurch, daß die Heilsarmee damals Nachwuchs brauchte, kam ich sehr schnell in diese Organisation.

Leider wurde ich nach fünf Monaten schon wieder rückfällig. Eine Sinti-Missionarin nahm mich auf.

Später versuchte ich, die einjährige Altenpflegehilfeausbildung zu machen. Kaum hatte ich das Abschlußzeugnis in der Tasche, wurde ich entlassen wegen einer Schlägerei, die ich mit einer Kollegin begonnen hatte.

Ich hatte zwar Gott um Hilfe gebeten, aber nie mein Leben wirklich unter seine Führung gestellt. Deshalb gehörte ich noch Satan. Das ständige Auf und Ab meines Lebens machte mich so fertig, daß ich mich eines Tages bewußt Satan verschrieb. Mit einem Messer ritzte ich mir das sogenannte Friedenssymbol in die Haut. Dadurch habe ich Satan und seinen Dämonen Macht über mich gegeben. Ich wußte damals nicht, daß dieses Zeichen für Peace eine Verhöhnung Jesu darstellt, nämlich ein auf den Kopf gestelltes Kreuz.

Von da an geschahen merkwürdige Dinge mit mir. Wenn ich einen Tobsuchtsanfall hatte, brauchte es fünf Leute, um mich festzuhalten. In mir war der Drang zu töten. Dabei war ich selbst von Angst gepeinigt. Satan redete mir ein, ich würde sterben, wenn ich betete.

Als ich es trotzdem einmal versuchte, wurde ich steif wie ein Brett und verlor die Sprache.

Die Christen, die ich bedroht hatte, fingen an, für mich zu fasten und zu beten. Es wurde etwas besser mit mir. Aber frei war ich immer noch nicht, weil ich selbst auch noch nicht frei werden wollte.

Zum Schluß war ich durch den Alkohol so ruiniert, daß ich nicht einmal mehr wußte, welcher Tag und welches Datum gerade war. Eine Ärztin wollte mich zum Entzug zwangseinweisen.

Gott schenkte Gnade, daß ich gerade zu diesem Zeitpunkt ein Ehepaar kennenlernte, das mich zum »help center« brachte.

»Das war immerhin besser als ein Entzug«, dachte ich. Aber ich fühlte mich noch zu stolz, um von jemandem Hilfe anzunehmen. Ich war viel zu mißtrauisch. Doch zur Hausmutter Brigitte Straube hatte ich Vertrauen. Da ich nur auf eigenen Wunsch hin für eine Therapie aufgenommen werden konnte, mußte ich mich nun entscheiden.

Schließlich unterschrieb ich das Anmeldeformular.

In den Wochen der Wartezeit vor der Aufnahme lebte ich in Ausschweifung, Zigaretten und Tabletten, die mich fast das Leben gekostet hätten.

Als ich schließlich mit der Therapie begann, war ich noch voller Mißtrauen. Aber gleichzeitig war eine Sehnsucht in mir, endlich frei zu sein von all den Stimmen der Dämonen, die mir sagten, was ich tun sollte. In diesem Zustand hatte ich oft zum Messer gegriffen, um anderen Menschen etwas anzutun. In mir war der Gedanke, daß ich befreit wäre, wenn ich das Blut anderer Menschen sähe.

Die Mitarbeiter des »help center« machten viel mit mir durch. Gelegentlich versuchte ich sie auch mit den bloßen Händen zu erwürgen. Aber Jesus hatte immer seine Hände dazwischen, so daß ich sowohl ihnen als auch mir kein Leid zufügen durfte. Menschliche Liebe hätte schon längst aufgegeben, aber sie vertrauten völlig auf den Sieg Jesu.

Ich begriff endlich, was Jesus am Kreuz auf Golgatha für mich getan hat. Nun war ich mir bewußt, daß kein Blut mehr fließen mußte, weil Jesus sein Blut für mich vergossen hat.

Jesus schenkte mir auch Tränen. Für manche ist das nichts Besonderes. Aber ich hatte mir irgendwann im Leben geschworen, keine Träne mehr zu weinen, egal, was geschähe. Nachdem Jesus mich frei gemacht hatte, konnte ich wieder weinen: dieses Mal über meine Schuld und Tränen der Freude über meine Erlösung.

Satan wurde als Lügner entlarvt. Als Teenager war mir öfters aus der Hand gelesen worden. So hatte ich die feste Gewißheit, daß ich noch vor dem Ende meines 25. Lebensjahres sterben würde. Doch zu meinem 26. Geburtstag bekam ich das Wort: »Ich werde nicht sterben, sondern leben und des Herrn Werke verkündigen« (Ps. 118, 17).

Jetzt lebe ich seit zehn Jahren in Stuttgart. Noch nie war ich so lange, außer in der Siedlung, an einem Ort. Ich gehe hier in die Heilsarmee, aber aus völlig anderen Motiven als damals. Ich brauche die Uniform nicht, um nicht mehr in Schuld zu fallen, sondern ich trage die Uniform als Zeugnis dafür, wie groß Gott ist.

Nach meiner Zeit im »help center« besuchte ich erstmalig wieder meine Mutter. Wir konnten miteinander sprechen. Sie vertraute mir an, daß sie selbst ein abgelehntes Kind gewesen war. Alles, was sie an Furchtbarem erlebt hatte, hatte sich dann im Leben ihrer Kinder fortgesetzt. Sie hatte keine Kraft, ein anderes Leben zu führen. In elendem Zustand starb sie schließlich. Sie hatte Leukämie und die Alzheimer-Krankheit. Schwester Margarethe und ich betreuten sie die letzten drei Jahre.

Wie danke ich Gott dafür, daß er mir die Kraft gab, ihr zu vergeben. Ich konnte mich mit ihr aussöhnen.

Trotzdem tut manches in meiner Seele noch sehr weh. Aber Jesus arbeitet an meinen Wunden, verbindet meine verletzte Seele. Ich lerne täglich von ihm, daß ich wertvoll bin. Das muß ich immer neu dem Gefühl entgegensetzen, das mir sagt, Hitler hätte vergessen, mich zu vergasen.

Menschlich gesehen hätte ich nie zur Welt kommen sollen. Aber Jesus wollte, daß ich auf dieser Erde bin. Er bringt mich durch. Auch wenn ich noch lange nicht am Ende bin mit meinen neuen Lernprozessen, so glaube ich, daß ich gewollt und geliebt bin von ihm. Durch alle Höhen und Tiefen sind unter mir seine starken Arme. Bei ihm gibt es keine hoffnungslosen Fälle. Preis sei dem Herrn!

Carla

Ich lernte Carla in der Zeit vor dem »help center« kennen. An ihr erlebte ich Stück für Stück mit, wie Gott völlige Befreiung schenkt.

Ruth Heil

Hilfe, noch ein Kind!

Meine letzte Regelblutung war ausgeblieben. Das konnte doch einfach nicht wahr sein! Wir hatten uns wirklich vorgesehen. Ein weiteres Kind war einfach nicht vorstellbar. Wir hatten zu allen fünf Kindern ein frohes Ja gefunden. Aber mehr konnten wir uns nicht leisten, sei es von der Kraft, von der Wohnung, von den Finanzen her. Das war einfach zuviel!

Als ich beim Arzt die Bestätigung bekam, wirklich schwanger zu sein, brach die Welt über mir zusammen. Mit meinem Mann hatte ich zuvor schon heiße Diskussionen geführt. Er war wirklich ein toller Vater und liebte jedes unserer Kinder. Aber mit eindeutiger Sicherheit ließ er mich wissen, daß er dieses Kind, falls ich schwanger war, nicht wollte. Daran ging kein Weg vorbei. Er bat mich, falls es so sei, gleich mit dem Arzt zu besprechen, wo ich abtreiben lassen würde. So energisch war er dagegen, daß er mir androhte, mich mit den Kindern sitzenzulassen, falls ich dieses Kind doch bekommen sollte.

Meine innere Verzweiflung war groß. Zwar wollte ich dieses Kind auch nicht. Und ich verstand die Einwände meines Mannes, daß er keine weiteren Kinder wollte, weil er sich nicht in der Lage sah, sie zu versorgen. Kinder waren ihm zu wertvoll, als daß er sie in Not aufwachsen sehen wollte; er würde sich dabei als unfähig vorkommen, seinen Pflichten als Vater nachzukommen. Außerdem, wo bliebe noch Freiraum für uns als Ehepaar? Wie recht er hatte! Und er war wirklich ein guter Vater. Sollte ich um dieses einen neuen Kindes willen den anderen Kindern den Vater wegnehmen? Das war doch einfach nicht fair!

Und doch war da auch eine innere Stimme, die mir sagte, daß dieses Kindlein leben wollte und daß eine

Entscheidung gegen diese Schwangerschaft heißen würde, dieses Leben in mir zu töten. Ich war total verzweifelt. Auch wenn ich Gott kannte – ich brauchte jetzt eine Antwort, die ich nachvollziehen konnte. Zu wem sollte ich gehen? Wer könnte mir einen brauchbaren Rat geben?

Da gab mir jemand die Adresse von Ruth Heil. Ich kannte diese Frau zwar nicht, aber ich hatte gehört, daß sie elf Kinder hätte. Das wollte ich mir auf jeden Fall einmal ansehen, und ich wollte sehen, wie es dort zuging. Waren sie asozial? Wie sahen die Kinder aus? Wie verbraucht sah diese Frau aus?

Dann war ich dort, und wir sprachen miteinander. Wir saßen uns gegenüber, und ich schüttete mein Herz vor ihr aus. Ich merkte, daß ich dieser Frau vertrauen konnte. Und auch im Haus herrschte solch ein Friede, daß ich kaum glauben konnte, daß noch sechs ihrer elf Kinder daheim waren.

Wir sprachen über Ängste, Befürchtungen, Gefühle. Dabei wurden mir viele Dinge bewußt. Unter anderem, daß ich die Mutter bin und dieses Kindlein nun in meiner Hand ist zum Leben oder Sterben. »Schützen Sie Ihr Kind vor seinen Mördern«, sagte Ruth Heil und legte mir eine Plastiknachbildung eines zehn Wochen alten Embryos in die Hand. »Selbst wenn Ihr Mann gehen wird, weil Sie das Baby behalten, ist es wahrscheinlich, daß er wiederkommen wird; denn er liebt Sie und die Kinder. Ihn für immer zu verlieren, ist viel wahrscheinlicher, wenn Sie abtreiben«, sprach sie weiter. »Denn eine Abtreibung geht nie spurlos an einer Frau vorüber. Depressionen und eine negative Einstellung zur Sexualität sind fast immer die Folgeerscheinungen. Dazu kommen häufig schwere Schuldgefühle.«

Ich merkte innerlich, daß dies die Antwort war, die ich gesucht hatte. Dieses Kind hatte ein Recht auf Leben, egal wie unsere Lebensumstände aussahen.

Als ich wieder zu Hause war, spürte mein Mann meine innere Sicherheit. Zwar überzeugte sie ihn noch lange nicht. Aber er merkte, daß sein Drohen nicht dazu beigetragen hatte, meine Meinung zu ändern. Er blieb bei uns. Und nicht nur das. Er veränderte sich, fast einer Wandlung gleich, je weiter das Kind in mir wuchs.

Gott wurde mir in dieser Schwangerschaft besonders bewußt.

Ich fühlte mich sehr von ihm abhängig. Denn ich hatte riesige Ängste vor der Geburt. Bei der Geburt des fünften Kindes war ich fast gestorben. Ob mein Mann das noch zu sehr in Erinnerung gehabt hatte? Waren es seine Ängste gewesen, mich mit einem neuen Kind zu verlieren?

An einem Sonntagmorgen kam dann unser kleiner Sohn zur Welt. Die Sonntagsglocken läuteten. Es schien uns wie ein besonderer Empfang dieses besonderen Kindes zu sein.

»Uns«, ja uns. Denn mein Mann war wieder bei der Geburt dabei. Wir waren beide tief bewegt und unsagbar dankbar.

Während der ganzen Schwangerschaft hat mich Psalm 127 regelrecht verfolgt. Dort heißt es: »Kinder sind eine Gabe des Herrn, und Leibesfrucht ist ein Geschenk.«

Zu Beginn begehrte ich innerlich gegen dieses Wort auf:

Das sollte ein Geschenk sein?

Eine riesige Belastung war das! Und dazu die ganzen Ängste wegen drohender Frühgeburt! Die zusätzliche Angst, bei der Geburt selbst zu sterben!

Erst nach und nach konnte ich Gottes großes Geschenk an uns erahnen. Durch seine Zusage, daß er mit uns gehen würde, konnte ich es wagen.

Aus einem Brief von dieser Frau:

Liebe Frau Heil,

ich bin Ihnen so dankbar, daß Sie mich ermutigt haben. Diese Erfahrung, daß Gott alles gut macht, will ich unbedingt an andere Frauen weitergeben. Wir müssen nicht allein für ein Kind sorgen. Gott hilft uns dabei, wenn wir nur ja sagen.

Vor kurzem hatte ich ein erschütterndes Erlebnis. Ich war zu einigen Erledigungen unterwegs, als mich eine fremde Frau auf offener Straße ansprach: »Heute vor vier Jahren habe ich mein Kind getötet.« Sie fing furchtbar zu heulen an. Ich wußte gar nicht, was ich zu ihr sagen sollte. Im Innersten war ich selbst tief erschüttert, und auch mir kamen die Tränen.

Noch heute danke ich Gott, daß er mich vor diesem schrecklichen Schritt bewahrt hat.

Natürlich gibt es jetzt alle Hände voll zu tun. Unter Langeweile leide ich nicht! Manchmal meine ich, kaum die Arbeitsberge zu bewältigen. Aber immer neu kommt in mein Bewußtsein: »Genauso würde ich mich wieder entscheiden!«

Alles Liebe und Gottes Segen

Ihre glückliche Luise

Unterschreibe auf keinen Fall!

»Unterschreibe auf keinen Fall irgend etwas!«

Diesen Rat hatte mein Mann mir dringend aufs Herz gelegt. Ich war unterwegs mit meiner Chefin. Seit einiger Zeit arbeitete ich als Krankengymnastin in ihrem Betrieb. Das Betriebsklima, ja, der ganze Umgangston dort waren für mich ungewohnt. Keine Unfreundlichkeit, kein Befehlston, liebevolles Zurechtrücken von Mißverständnissen, fast erholsam!

Nun hatte sie mich eingeladen, mit mir zu einem Frauentag zu fahren. Ich konnte mir darunter absolut nichts vorstellen. Es kam meinem Mann und mir nur sehr spanisch vor, daß meine Chefin mich dazu schon morgens um vier Uhr abholte zu einem Ort, der doch höchstens eine Stunde von uns entfernt lag. Dies stellte sich allerdings als Mißverständnis heraus. Es war ein anderer Ort mit ähnlichem Namen, aber fast fünf Stunden entfernt. Ich begann, mich zu wundern, was dort Besonderes sein sollte. Der Rat meines Mannes, auf keinen Fall für irgend etwas meine Unterschrift herzugeben, war auf jeden Fall fest in meinem Gedächtnis geblieben.

Als wir ankamen, merkte ich, daß wir nicht die einzigen Frauen waren. Es wimmelte nur so davon. Die Leute schienen alle ganz guter Laune zu sein. Es wurde gesungen, und schließlich sprach eine Ruth Heil zum Thema: »Die Macht der Zunge«. Wie recht sie hatte! Ob sie in unserer Ehe schon mal Mäuschen gespielt hatte? Was sie da referierte, war kein theoretischer Vortrag – das war mitten aus dem Leben gegriffen! Wie oft hatten wir Schwierigkeiten miteinander. Ich meinte, meinem Mann gesagt zu haben, wie ich über etwas denke, und er hatte sich zurückgezogen. Eine Woche lang schwiegen wir uns manchmal an.

Als ich schließlich mit der Chefin auf dem Heimweg war, wußte ich: Es müßte sich etwas verändern! So sollte es in unserer Ehe nicht bleiben!

Tag für Tag hörte ich nun die mitgenommene Kassette mit dem Vortrag an. Mein Mann meint dazu übrigens, ich hätte das mindestens ein halbes Jahr lang getan.

Vieles begann sich zu verändern. Hatten wir uns anfänglich eine Woche lang angeschwiegen, so verkürzten sich die Abstände nun wesentlich.

Aber noch mehr. Ich spürte, daß das auf der Kassette Gesagte nicht nur Lebensweisheiten waren, sondern daß diese Frau an etwas, nein, an jemanden glaubte, der die Kraft hatte, ein Leben zu verändern. Diesem Jesus wollte auch ich gehören. Und ihn nahm ich in mein Herz. Dazu brauchte ich keine Unterschrift zu leisten, sondern das ganze Ja meines Herzens zu sprechen.

Weil ich mich so sehr veränderte, wurde auch mein Mann neugierig. Er wollte mehr über diesen Jesus wissen.

Inzwischen hat unsere ganze Familie begriffen, daß Gott ein lebendiger, wunderbarer Herr ist, der uns Menschen unendlich liebt. Wir haben einen kleinen christlichen Buchladen in unserem Ort eröffnet. Unser Gebet ist, daß noch viele Menschen zu Jesus Christus finden, der unser Leben so verwandelt hat.

Marita

50

Als die Zeit erfüllt war . . .

Eine meiner von Gott geschenkten Gaben besteht darin anzupacken, wo Arbeit ist. Da meine Brüder nach und nach studierten und Ausbildungen machten, langte ich auf unserem Bauernhof zu. Aber ich war auch aktiv in der Stadtmission, die für mich eine geistliche Heimat wurde. Dort war ich in der Jugendarbeit, brachte jungen Leuten das Posaunenspiel bei und fühlte mich voll ausgefüllt.

Als junger Mensch hatte ich, wie wahrscheinlich alle Mädchen, den Wunsch nach Ehe und Familie. Aber verschiedene Freundschaften gingen in die Brüche, was mich sehr schmerzte. Dafür schenkte Gott mir immer neue Aufgaben. Ich durfte neben meiner neuen Arbeit, im Geschäft meiner Schwester angestellt zu sein, immer wieder Menschen begleiten, die in Not waren.

Auch meine Sehnsucht nach Kindern erfüllte Gott. Zwar hatte ich keine eigenen, aber die Kinder meiner Schwester waren täglich um mich. Sie wurden mir zu einem großen Geschenk.

Immer, wenn Gott mir eine Aufgabe nahm, schenkte er mir eine neue. Die Mitarbeit bei der Jugend und im Chor gab mir innere Bestätigung. Sie half mir über die schwere Zeit, wenn ich miterlebte, wie einer nach dem anderen aus meinem Freundes- und Bekanntenkreis Hochzeit feierte.

Mit 35 Jahren ging meine Zeit in der Jugendarbeit zu Ende.

Das fiel mir unsagbar schwer, weil ich meine neue Aufgabe noch nicht richtig kannte. Für die Alten fühlte ich mich zu jung, für die Jungen zu alt. Frauen unterhielten sich über Kindererziehung, aber ich hatte kein Kind. Sie sprachen über Ehe, aber ich führte keine. Zu wem gehörte ich, wo war mein Platz, meine Aufgabe?

Dabei war ich beruflich voll ausgelastet. Doch innerlich fiel ich in ein Loch.

Gott kannte mein inneres Fragen. Es war ein Jahr später, als Ruth Heil in unserer Gemeinde einen Vortrag hielt.

Mehr und mehr wurde mir klar, daß Gott mir manche Dinge genommen hatte, um meine Hände freizumachen für eine neue Aufgabe.

»Darf ich gelegentlich für Sie Chauffeur sein, wenn Sie unterwegs sind?« fragte ich sie.

Auf einer Karte schrieb sie mir Jeremia 33, 3:

»Rufe mich an, so will ich dir antworten und dir große und unfaßbare Dinge zeigen, von denen du noch nichts weißt.«

Die Erfüllung dieses Verses erfahre ich immer mehr.

Noch immer hatte ich neben dem Beruf meine Weinberge zu versorgen und meine Aufgaben in der Stadtmission wahrzunehmen. Aber sooft es meine Zeit erlaubte, fuhr ich zur Familie Heil. Das Betätigungsfeld dort war ein Faß ohne Boden: waschkorbweise Bügelwäsche, haufenweise Fenster zum Putzen und vieles mehr. Sogar große Mengen Essen zu kochen lernte ich.

Seit dieser Zeit bin ich mit Ruth Heil Tausende von Kilometern gereist. Vom Norden bis zum Süden Deutschlands, in den Osten bis Dresden und in Österreich bis hinunter zur jugoslawischen Grenze, nach Meran, in die Schweiz und nach Frankreich. Gott segnete bei vielen Vorträgen und gab Gnade, daß Menschen wieder froh wurden oder zu Jesus Christus als ihrem Herrn fanden.

Immer mehr wurde mein Weg frei. Ich zog vom Bauernhof weg in eine Wohnung in der Stadt. Meine Weinberge konnte ich verpachten. Zwar war ich finanziell nun nicht mehr so gut gestellt, aber ich erlebte dafür die Fürsorge Gottes auf Schritt und Tritt.

Noch bin ich im Geschäft meiner Schwester tätig. Und auch dort erfahre ich die Zeitplanung Gottes. Es gibt in der Fülle der Planungen kaum Überschneidungen. Immer, wenn ich dort gebraucht werde, ist bei Heils gerade nichts dringend. Und wenn bei Heils »Not an Frau« ist, bin ich im Geschäft abkömmlich.

Ein besonderes Erlebnis für mich war die Schwangerschaft und Geburt des kleinen Junias, des Jüngsten der Familie Heil. So konnte ich den Werdegang eines Menschenkindes bewußt miterleben und meinen ganzen mütterlichen Gefühlen Ausdruck geben.

Fast immer waren zwei bis drei Kinder auf unseren Reisen dabei. Der Jüngste aber begleitete uns grundsätzlich. Dieses Kind wurde mir zu einer rechten Sonne und machte vieles in mir heil.

Ich erfuhr an diesem Kind, wie die Liebe einer Mutter sich nicht teilt, sondern multipliziert und noch Raum schafft für andere, die Wärme brauchen.

Ruth Heil schrieb u.a. von diesem Kind:

Ein Kind,
ein jedes ward mir zum Segen!
Ich lernte Geduld,
Lasten tragen
und zuhören,
mich selbst besser kennen
und teilen.
Und ich wurde nie arm!
Im Geben wurde ich reicher!
Ein Kind – von Gott uns gegeben.

Dieses Kind wurde ein rechter Segen für die Eltern, die Geschwister – und nicht zuletzt für mich.

Dieser kleine Mensch war bei fast allen Vorträgen dabei und schuf so eine lebendige Verbindung zu anderen Frauen.

Ich kann allen Singles nur wünschen, sich mit Familien mit kleinen Kindern anzufreunden. Das ist rundherum wohltuend. Denn man bringt Zeit mit, die gestreßte Eltern oft nicht für die Kinder haben. Die Eltern sind entlastet, die Kinder beglückt, und man selbst bekommt so viel an Zuneigung durch die Kinder, daß man froh wird. Außerdem hilft es, sich nicht selbst immer im Mittelpunkt zu sehen. Und sogar Trotz und Motz werden abgeschliffen.

Mir selbst spricht der nachfolgende Liedvers aus dem Herzen. Das wünsche ich mir für mein Leben:

»Schaff's mit mir, Gott, nach deinem Willen,
dir bleibet alles heimgestellt.
Du wirst mein Wünschen so erfüllen,
wie's deiner Weisheit wohlgefällt.
Du bist mein Vater, du wirst mich
treu führen, darauf hoffe ich.«

Elisabeth Job

Kein Mann für mich?

Oder:

Was man Ledigen nie sagen sollte ...

Alles hat seine von Gott bestimmte Zeit.

An ihrem 30. Geburtstag rief ich Chantal an: »Herzlichen Glückwunsch und den Segen Gottes für das neue Lebensjahr!«

»Beglückwünsche mich nicht, Ruth«, antwortete sie traurig. »Wie soll ich mich freuen? Nun bin ich schon 30. Und noch immer ist der richtige Mann nicht in Sicht. Ich frag' mich allmählich, woran es liegt, daß mich keiner will.«

Chantal ist ein bildschönes Menschenkind. Aber das Warten auf Gottes Zeit fiel ihr schwer. Und doch meinte Gott es gut mit ihr ...

Aber hören wir sie selbst:

Ich bin 36 Jahre alt, und in ein paar Monaten werde ich ENDLICH heiraten! Ich sage »endlich« und empfinde es auch so – aus meiner menschlichen Sicht. Wenn ich versuche zu verstehen, warum Gott es so zuließ, kann ich im nachhinein nur sagen: Genau so war es richtig.

Diese Aussage, die wir in Prediger 3, Vers 1 finden, habe ich konkret in meinem Leben erfahren: »Alles hat seine Zeit!«

Ich würde lügen, würde ich sagen, daß ich ruhig und geduldig auf einen Partner gewartet habe. Es ist nicht leicht zu warten, während andere Frauen – oft noch viel jüngere – einen Partner finden. Und man selbst »bleibt auf der Strecke«.

Verschiedene Fragen machten mir damals besonders zu schaffen:

»Warum muß ich so lange warten?«

55

Dies fragte ich mich oft. Ich gehörte doch zu Gott. Und er hat in seinem Wort versprochen, daß er unsere Bedürfnisse stillen und unsere Gebete erhören wird. Warum tat er es also nicht? Ich war doch Gott treu gewesen, war auch nie eine Beziehung mit einem Nicht-Christen eingegangen.

Diese Gedanken kamen erst mit meinem 30. Geburtstag auf.

Vorher hatte ich studiert und danach in einem interessanten Beruf gearbeitet.

Ich dachte immer, es ist noch Zeit. Gott wird schon dafür sorgen. Doch dann, als die Zahl 30 nahte, kam immer öfter die Frage nach einem Partner auf. Meine Freundinnen waren fast alle verheiratet. Trotz meiner Gebete änderte sich nichts. Ich ging auf viele Hochzeiten, doch es war nie die meine. Tief in meinem Innern konnte ich mich auch gar nicht mehr richtig mitfreuen, wenn meine Freundinnen heirateten.

»Aber du hast doch Gott? Füllt er dein Leben nicht aus?«

Diese Worte hörte ich oft. Und es war auch gut gemeint. Ja, es stimmt, ich bin seit meinem elften Lebensjahr ein Gotteskind. Ich weiß, daß Gott mich liebt. Er gibt mir Freude, Friede . . . All das ist wahr . . .

Doch trotzdem blieb die Sehnsucht nach einem Menschen aus Fleisch und Blut, für den ich dasein dürfte und für den ich das Allerliebste wäre.

»Du bist zu schwierig, zu wählerisch. Keiner ist dir gut genug!«

Auch diese Worte bekam ich zu hören. Sie schmerzten, weil sie nicht der Wahrheit entsprachen – oder doch ein wenig?

Ich suchte immer eine Beziehung von Qualität und nicht einfach nur einen Mann, damit ich verheiratet bin. Zerrüttete Ehen, auch in christlichen Kreisen, hatte ich genug gesehen.

Gegen Ende meines Single-Seins wurde ich innerlich

wütend, wenn ich merkte, daß jemand diese Gedanken hatte. Tatsache war doch, daß es überhaupt wenige Christen gibt; »freie« Christen über 30 sind eine Rarität! Die meisten von ihnen sind verheiratet, andere haben Bindungsängste, und nicht alle passen zu einem.

»Warte nicht, bis dir ein Partner vom Himmel fällt! Unternimm etwas!«

Auch diesen Satz hörte ich oft. Vielleicht sollte ich mich wirklich umschauen! Wenn jemand mich auf solche Weise ansprach, gab mir das Elan, andere Gemeinden zu besuchen, auf Freizeiten zu gehen, sogar an Single-Treffen teilzunehmen, dem christlichen Partnerschaftsdienst beizutreten etc.

Ich unternahm vieles, mußte doch letztendlich feststellen, daß man dabei nicht unbedingt einen Partner findet. Die Fehlschläge waren immer schwer zu verkraften.

Ich möchte trotzdem betonen, daß ich Organisationen wie den CP-Dienst sehr gut finde. Dadurch lernte ich nette Menschen kennen.

Bevor man sich zu einem solchem Schritt entscheidet, muß man allerdings geistlich und seelisch gut drauf sein. Menschen kennenzulernen, mit dem Ausblick auf eine eventuelle Heirat, ist anstrengend.

»Genieße es! Du kannst noch tun und lassen, was du willst. Ich muß auf Mann und Kind Rücksicht nehmen.«

Tatsache ist, daß wir Singles unser eigener Herr sind. Wir entscheiden allein, ob wir ausgehen wollen, wann wir an Wochenenden aufstehen, ob wir die Wohnung putzen etc. Wir können jeden Abend ausgehen! Und wir können auch unser Geld freier ausgeben, weil wir niemandem Rechenschaft ablegen müssen. Aber gehen wir wirklich oft aus? Geben wir wirklich unser Geld aus? Es macht eben viel weniger Spaß, allein im Restaurant zu sitzen, allein ins Kino zu gehen und allein über den Film zu lachen . . .

Es ist wahr, das Alleinsein hat auch schöne Seiten, aber wenn man sie einige Jahre genossen hat, hat man sie satt. Man sehnt sich abends nach jemandem, mit dem man über die Ereignisse des Tages plaudern kann und der einem auch berichtet.

»Ich bin nicht schön, nicht interessant genug. Ich bin ein Nichts. Mich will ja keiner.«

Diese Gedanken sind eigentlich die schlimmsten. Da ich meinte, bei den männlichen Wesen keinen »Erfolg« zu haben, betrachtete ich mich als unattraktiv und hatte Mühe, mich anzunehmen. Ich zog mich in mein »Schneckenhaus« zurück. Es ist ein Teufelskreis: Man denkt, nicht schön zu sein, und pflegt sich nicht, man achtet immer weniger auf sein Äußeres, was das Ganze eigentlich noch verschlimmert.

Den bekannten Vers aus Psalm 139: »Ich danke dir dafür, daß ich wunderbar gemacht bin; wunderbar sind deine Werke« konnte ich nicht mehr hören. Ich wollte es nicht glauben, daß ich in Gottes Augen – und vielleicht auch in den Augen anderer – wunderbar bin. Ich zweifelte an mir. Begabungen stritt ich ab. Ich sah nichts Gutes in mir, obwohl mir Freunde und Bekannte Mut machten.

Eines Tages wurde mir klar, daß ich auch mein Los als Single annehmen müsse, falls ich allein bleiben sollte.

So nahm ich mir vor, bis zum Alter von 35 noch übers Heiraten nachzudenken. Danach wollte ich lernen, mit dem Gedanken zu leben, daß es keinen Ehemann für mich gibt.

Mit der Zeit gewöhnte ich mich an diesen Gedanken. Es half mir, daß ich außerhalb der Gemeinde Freundinnen hatte, die hübsch und intelligent und trotzdem noch ledig waren. Ich tröstete mich, daß es vielleicht doch nicht an mir allein liege.

Mit 34 fand ich ein Ja zum Alleinsein. Es war, als würde mein innerer Kampf mit Gott aufhören. Ich sagte ja zu seinem Weg, egal wie er aussehen würde.

Doch ich entschloß mich, mich nicht »gehenzulassen«. Im Gegenteil, ich wollte so attraktiv wie möglich und auch so angenehm wie möglich bleiben. Ich wollte nicht dem Bild einer »alten Jungfer« entsprechen, sondern eine angenehme und keine verbitterte Ledige sein.

Als ich es nicht mehr erwartet hatte, geschah das Wunder. Der Herr schenkte mir einen Freund. Es war letztes Jahr im Januar.

Es kam ganz anders, als ich es mir immer vorgestellt hatte. Anfangs hatte ich dadurch viele innere Kämpfe. Mein Freund war kein reifer, gestandener Christ, wie ich es mir gewünscht hatte. Er war ein Mensch, der nach

Gott suchte. Er war jünger als ich und sah anders aus, als ich es mir erträumt hatte. Aber nach ein paar Begegnungen rückten diese Äußerlichkeiten (Alter und Aussehen) in den Hintergrund. Ich nahm ihn mit in die Gemeinde. Er hörte zu und entdeckte den Glauben an Jesus Christus. Ich war überglücklich und kann Gott für dieses Wunder nur danken.

Auch in dieser Angelegenheit zeigte mir Gott, daß, wenn er etwas macht, es perfekt ist.

Wir merken beide, wie unsere Liebe wächst. Solch einen lieben Mann kann ich nur jeder Frau wünschen. Man »prophezeit« uns zwar, wenn die Partner lange allein gelebt haben und »Junggesellen-Gewohnheiten« angenommen haben, sei es sehr schwierig, miteinander zu leben.

Wir erahnen, daß es nicht immer rosig sein wird. Aber wir haben die Gewißheit, daß wir füreinander bestimmt sind.

Von Herzen freuen wir uns auf unsere Hochzeit.

Ja, ein jegliches hat seine Zeit (Pred. 3, 4. 8), auch wenn es uns Menschen manchmal schwerfällt zu warten.

Chantal

Verloren und wiedergefunden

Als ich 1950 zur Welt kam, lebte meine Mutter noch bei ihrer Mutter. Ich bin ein uneheliches Kind. Mit zwei Jahren adoptierte mich meine Großmutter. Wiederum zwei Jahre später wanderte meine Mutter nach USA aus.

Großmutter hatte drei Jahre zuvor zum Glauben an Gott gefunden und folgte ihm nun mit großer Freude nach. Dieser freudige Glaube prägte meine Kindheit. Ich lernte von ihr, daß Gott Gebete erhört und daß er uns durchhilft in traurigen und fröhlichen Tagen. Diese Gewißheit, daß Gott für uns sorgt, bestimmte meine Lebenshaltung.

In den Kinderstunden der Stadtmission fühlte ich mich genauso heimisch wie in denen der landeskirchlichen Gemeinschaft.

Mehrere Kinderkuren verbrachte ich in einem Diakonissenkinderheim im Schwarzwald. Ab meinem neunten Lebensjahr hatte ich Kontakt zu den Fackelträgern in Obernhof.

Behütet und geborgen verlief so meine Kindheit.

Wann meine persönliche Beziehung zu Jesus begann, weiß ich nicht mehr genau. Aber sehr früh begann ich schon, mit ihm zu sprechen, und war oft beeindruckt von seiner Allmacht. Doch erlebte ich ihn auch als Freund, wenn ich mich manchmal einsam fühlte.

Während des dritten Grundschuljahres zog meine liebste Freundin in eine andere Stadt. Ich sagte Jesus diesen großen Kummer. Das Lied »Welch ein Freund ist unser Jesus« tröstete mich in meinem Kinderleid sehr.

An meinem 14. Geburtstag übergab ich Jesus Christus ganz bewußt mein Leben. Ihm wollte ich gehören.

Neben den frohen Erlebnissen, die ich in christlicher Gemeinschaft sammelte, bemerkte ich aber auch, wie schwer es war, meinen Glauben in den Alltag zu integrieren. Ich verstand nicht, was an anderen, die nicht an Jesus interessiert waren, falsch sein sollte. Mir fehlte das Gespür für Sünde. Kleine Lügen konnten doch nicht so schlimm sein, daß Jesus dafür sterben mußte!

Und wenn nun im Laufe meiner Pubertät zu Hause öfters Krach angesagt war, machte mir das ebenfalls keine großen Probleme. Wir sprachen uns ja darüber aus und klärten es. Dann war doch alles wieder in Ordnung!

Mit knapp 20 Jahren begann ich eine Ausbildung an der Pädagogischen Hochschule in Worms. Ich war etwa ein halbes Jahr dort, als eine längere Freundschaft mit einem jungen Mann plötzlich zerbrach.

Ich war darüber tief erschüttert, weil ich diesem Freund sehr vertraut hatte. Innerlich vergrub ich mich und mied fortan alles, was christlich war. Mit dieser Sorte Leute wollte ich nichts mehr zu tun haben.

Ich besuchte weiter die Vorlesungen an der Pädagogischen Hochschule und pflegte nun nur noch Kontakte zu Mitstudentinnen.

Meine ungläubigen Freundinnen verstanden mich in meinem Kummer. Mein Vertrauen zu den Gläubigen dagegen war vorerst zerstört.

Ein Jahr später tauchte meine leibliche Mutter wieder auf. Nach ihrer Scheidung war sie mit meinen Halbgeschwistern aus dem Ausland nach Deutschland gekommen, in meine Nähe. Vorher hatte ich aufgrund der großen Entfernung nur brieflich mit ihr Kontakt gehabt.

Meine um vier Jahre jüngere Halbschwester führte mich nun als 20jährige nach und nach in die Welt der Diskotheken ein. Diese Welt war ihr geläufig; denn meine Mutter hatte ihre Kinder ohne Glauben an Jesus Christus erzogen.

Für mich tat sich damit eine aufregende, abenteuerliche, spannende Welt auf, die mich faszinierte. Ich war ahnungslos und behütet, aber auch neugierig und interessiert. So stürzte ich mich voll in dieses neue Milieu.

Als meine Mutter mit meinen Geschwistern später wieder nach USA zurückkehrte, kannte ich mich in der »neuen Welt« bestens aus.

Wieviel meine Großmutter von meinem Lebenswandel mitbekam, weiß ich nicht. Jedenfalls hielt sie mir niemals Strafpredigten, sondern zeigte mir nur jedesmal ihre Liebe, wenn ich sie besuchte. Ab und zu steckte sie mir einen Bibelvers zu oder sagte zum Abschied: »Vergiß nicht zu beten!«

Eines ihrer Kleinode liegt heute noch in meiner Bibel: »Liebes Olivchen, laß Jesu Hand nicht los!«

Dabei hatte ich sie damals längst losgelassen. Aber der treue Gott hatte meine nicht losgelassen! Auf allen dunklen Wegen, die ich in den folgenden Jahren gegangen bin, hat er mich stets begleitet. Ohne ihn wäre ich im Schmutz versunken.

»Da er nun all das Seine verzehrt hatte . . . schlug er in sich« (Luk. 15, 14).

Bis ich in mich schlug, vergingen zwölf Jahre. Mein Abstieg erfolgte fast unmerklich, aber stetig. Mit zielstrebiger Sicherheit wickelte Satan mich ein. Stück für Stück, Faden für Faden zog er die Schlinge zu, um mich schließlich wehrlos zu machen. Der Teufel kennt unsere Schwachstellen.

Ich fiel tief in Schuld. Als mir bewußt wurde, was ich getan hatte, redete mir Satan ein, eine Umkehr zu Gott sei nicht mehr möglich. Weil ich ihm glaubte, blieb ich in meinem neuen Milieu und merkte dabei nicht, wie sich Sünde auf Sünde häufte.

Ich wurde lieblos und egoistisch. Meine Charaktereigenschaften waren nun Herrschsucht und Skrupellosigkeit. Nach sehr kurzer Ehe, die ich mit Gewalt ertrotzt hatte, ließ ich mich wieder scheiden.

Nachdem die Scheidung rechtskräftig geworden war, wurde mir bewußt, wo ich gelandet war.

Plötzlich wollten auch meine bisherigen Freunde nichts mehr mit mir zu tun haben. Finanziell war ich am Ende. Mein ganzes Leben war ein einziges Chaos. Total in die Enge getrieben, stellte ich alle möglichen Überlegungen an, wie ich weiterleben könnte. Denn überleben wollte ich.

Besonders intensiv beschäftigte mich die Frage nach der Existenz Gottes. Wenn es wirklich einen Gott gäbe, so wäre er der einzige, der mir noch helfen könnte, ging es durch meinen Kopf. Menschlich gesehen kannte ich niemanden, der aus diesem Chaos noch einen Ausweg gewußt hätte.

Wenn ich von der Arbeit nach Hause kam, studierte ich naturwissenschaftliche Bücher und kramte meine Bibel wieder heraus, die ich als Kind gelesen hatte. Ich dachte nach, schrieb Gedanken nieder und versuchte, mich zu erinnern, wie ich früher gelebt hatte, bevor ich in dieses Chaos geraten war.

Tagelang saß ich am Küchentisch und dachte nach. Ich kam zu dem Ergebnis, daß mein Chaos daher rührte, daß ich die vergangenen Jahre ohne Gott gelebt hatte.

Noch heute finde ich es eigenartig, wie fremd mir Gott geworden war, obwohl ich ihn als Kind doch ernsthaft erlebt hatte. Die Bibel hat wirklich recht: »Eure Untugenden scheiden euch von eurem Gott!« (Jes. 59, 2).

Er wollte, daß ich wieder eine bewußte, persönliche Entscheidung für IHN treffen sollte.

Je mehr ich über Gott nachdachte, um so mehr wurde es zur Gewißheit, daß es einen Gott geben müsse. Nach den Gesetzen der Logik konnte es nicht anders sein.

Inzwischen war ich 32 Jahre alt geworden. Meine Situation war ausweglos. Mit meinem persönlichen Chaos, mit Angst vor einer hoffnungslosen Zukunft, fiel ich auf die Knie und flehte mein erstes Gebet nach all diesen Jahren: »Gott, wenn es dich gibt, dann greif ein!«

Und ER griff ein! So schnell, so greifbar, so intensiv, daß ich tief bewegt erkannte: da oben ist tatsächlich einer, der mich sieht und hört. Ich klammerte mich an IHN mit all meiner Not; denn nun wußte ich, daß ich mit IHM allein das Chaos meines Lebens aufräumen konnte.

Eine meiner Bitten an Gott war, mir das Geld für meine ausstehende Telefonrechnung zu besorgen. Es waren 50 DM, und ich hatte keinen Pfennig mehr. Als ich am nächsten Nachmittag von der Schule nach Hause ging, fand ich einen herrenlosen Hund. Ich informierte das Tierheim und nahm den Hund bei mir auf. Später brachte ich ihn der glücklichen Besitzerin. Sie drückte mir beim Weggehen etwas in die Hand. Voller Erstaunen entdeckte ich, daß sie mir 50 DM gegeben hatte.

In Abhängigkeit von Gott begann ich, Schritt für Schritt Ordnung in mein Leben zu bringen. Er wurde mein persönlicher Freund, mit dem ich alles besprechen konnte.

Ich fühlte mich wie der verlorene Sohn, der nach Hause kommt. Dieses Gleichnis hat Jesus einmal erzählt. Mir kam es vor, als würde der Vater wirklich auf mich zugelaufen kommen, um mich willkommen zu heißen (Luk. 15, 20).

Über viele Monate lang zog ich mich nun nach dem Beruf zurück, um in der Bibel zu lesen und zu beten. Während dieser Zeit befreite Gott mich auch vom Rauchen.

Nachdem mein Herz immer voller wurde von vielen Erlebnissen, die ich mit Gott machte, bekam ich das Verlangen, andere Christen zu treffen. Ich machte mich auf die Suche nach einer Gemeinde.

Nun durfte ich erfahren, wie gut es ist, Gemeinschaft mit Menschen zu haben, die Gott kennen.

»Dieser mein Sohn war verloren und ist wiedergefunden«, sagt der Vater im Gleichnis. Und das gilt nicht nur für einen verlorenen Sohn, sondern auch für eine verlorene Tochter.

Preis sei Gott, daß ich wieder zu ihm heimfinden durfte.

Olive Weitzel

Begegnung im Zinzendorf-Haus in Neudietendorf

Heilung für eine wunde Seele

Als Kind war ich unbeschwert und fröhlich. Doch mit dem Beginn der Pubertät veränderte sich mein Leben. Außerdem verlor ich in dieser Zeit den liebsten Menschen, den ich kannte, meine Großmutter. Sie starb an Krebs.

Danach lebten meine Eltern in ständigem Streit. Dieser Zustand machte mir große Angst. Wenn ich abends im Bett lag, betete ich zu Gott, er möge mich doch endlich sterben lassen.

Eines Tages bekam ich mit, daß sich meine Eltern scheiden lassen wollten. Ich weinte, bettelte und flehte sie an, es nicht zu tun. Oft konnte ich abends kaum in den Schlaf finden. Weil meine Eltern die Verzweiflung von uns Kindern sahen, entschlossen sie sich, doch zusammenzubleiben. Das Klima war zwar weiterhin sehr gespannt, aber immerhin wurden wir nicht auseinandergerissen.

Mein Wunsch, eine Ausbildung als Physiotherapeutin aufzunehmen, ging in Erfüllung. Doch sollte es eine harte Zeit werden. Schon bald wurde das Internatsleben recht problematisch. Meine beste Freundin wurde schwanger und wollte das Kind nicht behalten. Ich hatte darum gekämpft, daß sie nicht abtreiben würde. Aber sie entschied sich anders. Nach der Abtreibung veränderte sie sich total. Vorher waren wir unzertrennlich, jetzt aber entwickelten sich Ablehnung, Unverständnis und Aggression zwischen uns. Wir verstanden uns nun überhaupt nicht mehr, wohnten aber weiterhin im selben Zimmer.

Meine innere Hilflosigkeit angesichts dieser Situation verwandelte sich in Wut. Auch ich begann, mich zu verändern. Dabei wurde ich so aggressiv, daß die Internatsleiterin mich mit 17 Jahren in die Psychiatrie einweisen ließ. Das war ein schockierendes Erlebnis für mich. Es ging dort chaotisch zu.

Als ich nach einiger Zeit wieder entlassen wurde, setzte ich meine Ausbildung fort und beendete sie dann auch mit Erfolg.

Die Jahre danach waren recht glücklich. Ich lernte einen jungen Mann kennen. Nach einer Weile verlobten wir uns. Diese eigentlich frohe Verbindung endete mit Tränen. Ich war schwanger geworden. Mein Freund und ich freuten uns auf dieses Kind. Die Ärzte standen aber dieser Schwangerschaft sehr kritisch gegenüber. Die behandelnde Ärztin überzeugte mich davon, daß dieses Kind als Krüppel zur Welt kommen würde. »Sie nehmen viel zu viele Psychopharmaka ein«, redete sie auf mich ein. »Dieses Kind kann gar nicht normal sein.« Obwohl die Abtreibung aus einer medizinischen Indikation heraus vorgenommen wurde, brachte sie mich in tiefste Verzweiflung. Denn eigentlich wollte ich dieses Kind haben. Obwohl mein Körper bebte und sich alles in mir wehrte, wurde mir eine Prostaglandin-Spritze gegeben. Sie löste Wehen aus und führte zu starken Schmerzen. Blutungen folgten, die zum Tod des Kindleins führten, das in mir heranwuchs.

Unter den inneren Konflikten, die ich danach durchlitt, zerbrach die Freundschaft zu dem Mann, den ich geliebt hatte.

Dafür folgte nun ein Klinikaufenthalt auf den anderen.

Jahre später lernte ich bei einem meiner Aufenthalte meinen späteren Mann kennen.

Wir heirateten. Ich wurde sehr schnell schwanger. Aber mit der Schwangerschaft flammte auch wieder meine Krankheit auf. Mit einer Schwangerschaftspsy-

chose lag ich fünf Monate bis zur Entbindung in der Psychiatrischen Klinik. Während dieser Zeit besuchte mich zwar mein Mann regelmäßig, entwickelte sich aber zum Alkoholiker. Außerdem begann er ein Verhältnis mit einer anderen Frau.

Nach der Geburt einer goldigen, gesunden Tochter folgten grausame Monate. Denn unmittelbar nach der

Geburt begann zu Hause eine Wochenbettpsychose mit schlimmen Depressionen.

Mein Mann brauchte dringend eine Atempause in all den schweren Belastungen. Ich hatte von einer christlichen Besinnungswoche gehört und bedrängte ihn nun, dorthin zu gehen. Während dieser Tage fand er zu Jesus Christus. Er erlebte das Bibelwort am eigenen Leib: »Welchen der Sohn frei macht, der ist recht frei« (Joh. 8, 36). Nach diesen Tagen kehrte er nach Hause zurück und war frei von der Alkoholsucht! Ein Wunder war geschehen! Kurze Zeit später kam er auch von den Zigaretten los. So groß ist Gott!

Inzwischen ist er bereits vier Jahre frei von jeder Abhängigkeit.

Nach 14 Klinikaufenthalten in der Psychiatrie zog Ruhe in mein Leben ein. Ich danke Gott, daß die vielen Elektroschockbehandlungen und die Unmengen von Tabletten mich geistig nicht beeinträchtigt haben. Allerdings muß ich mit den Nebenwirkungen der Medikamente leben, die meinem Körper geschadet haben.

Die starke Gewichtszunahme bewirkte mit, daß aus mir hektischer, ständig erregter Person ein ruhiger, ausgeglichener Mensch wurde. Eine tiefe, innere Zufriedenheit ist eingetreten und ein Lauschen auf Gott. Nach seinem Willen zu handeln ist mir ein echtes Anliegen geworden. Im Gebet darf ich ihm alles anvertrauen, und ich fühle mich geborgen in seiner Fürsorge bei meinen täglichen Problemen.

Dorothee Schernat

Ein Frauenfrühstück in Wilhelmsdorf und ein anschließender Briefwechsel

Aus verschiedenen Briefen . . .

Es regnet in Strömen. Das sind alles meine Tränen, die ich in den vergangenen Jahren weinen mußte . . .

Ich mußte fünfzig Jahre alt werden, bis ich das Furchtbare begreifen konnte, das mein Leben systematisch zerstört hat: Es war eine Abtreibung, die mehr als zwei Jahrzehnte zurückliegt!

Es ist jetzt 6 Uhr in der Frühe. Ich liebe den Morgen. Vor mir brennt wieder das Teelicht in Ihrer so wunderschönen Faltkarte. Immer neu lasse ich in mein Bewußtsein fallen, daß ich von Gott geliebt bin.

Die traurigen Augen der Puppe Monika

Meine stärkste Kindheitserinnerung hängt mit meiner Puppe Monika zusammen. Ich liebte sie. Sie war meine einzige Puppe, und ich behandelte sie wie mein Kind. Sie war ganz aus Porzellan und hatte dunkelbraune Augen und ebenso dunkle Haare. Für mich war sie lebendig. Ich war mächtig stolz darauf, eines Tages mit Mutter in der Eisenbahn zu den Großeltern aufs Land zu fahren. Fest hielt ich mein »Kind« im Arm und ging mit meiner Mutter die fünf Kilometer zu Fuß zum Dorf der Großeltern. Ich kann mich noch heute erinnern, wie ich dabei meine Puppe von der Seite anlächelte. Ja, ich bildete mir wirklich ein, sie lächele zurück. Diese Puppe war mein Allerliebstes. Ich hatte auch keine weiteren Puppen oder Stofftiere. Und zu allem war ich auch noch Einzelkind.

Damals war ich etwa fünf Jahre alt.

Meine Mutter war das älteste Kind ihrer Familie. Sie hatte noch drei Brüder. Zwei von ihnen waren zur selben Zeit wie wir bei ihren Eltern auf Urlaub.

Ich spielte ruhig mit meiner Monika auf dem Stubentisch. Den Stuhl benutzte ich als Bett für mein »Kind«.

Onkel Fritz kam von draußen herein. Der andere Onkel stand am offenen Fenster und schaute herein. Da faßte Onkel Fritz meine Monika an den Beinen, drehte sich zu Onkel Otto herum und sagte auf Plattdeutsch: »Sall eck?«, das heißt: »Soll ich?« Onkel Otto schrie: »Nein, Fritz, um Gottes willen!« Aber es war zu spät. Tausend Scherben lagen auf dem Tisch, eine Perücke und die traurigen Augen der Puppe Monika.

Ein Puppenleben war beendet und meine Kinderseele ganz tief verletzt.

Ohne Puppe ging es wieder nach Hannover zurück. Ich werde diesen Schmerz nie vergessen.

Jahre später bekam ich noch einmal eine Puppe. Die konnte zwar laufen, aber ich hatte nie einen Bezug dazu. Es war kein Kind, das man in den Arm nehmen und liebhaben konnte.

Nicht einmal den Namen hatte ich aussuchen dürfen. Mein Vater nannte die Puppe Friedel, weil er selbst Friedrich hieß. Wenn es nach ihm gegangen wäre, hätte ich auch ein Junge werden sollen.

Als Kind hatte ich ein halbes Jahr lang Klavierunterricht. Meine Klavierlehrerin war gleichzeitig die Lehrerin, die mich in der Schule unterrichtete.

Ich hatte bei ihr kostenlos Unterricht bekommen und durfte dort auch auf ihrem Klavier üben. Schließlich wurde mir von meiner Mutter verboten, weiter die Klavierstunde zu besuchen. »Wir nehmen keine Almosen«, begründete Mutter ihr Handeln.

Obwohl der Lehrer meine Mutter zu bewegen versuchte, mich aufs Gymnasium zu schicken, ließ sie es nicht zu. Sogar der Arzt schaltete sich ein, um ihr zu versichern, daß dies für mich kein Risiko darstellte. Ich war nämlich als Kind oft krank gewesen. Mutter blieb hart.

Als ich etwas älter war, zogen wir aufs Dorf. Dort wohnten meine Großeltern. Sie besaßen einen kleinen Bauernhof mit drei Kühen. Es war ein kleines Dorf, und so war nur alle drei Wochen Gottesdienst. Großvater war auch im Kirchenvorstand. Nie ließ er es sich nehmen, den Gottesdienst zu besuchen. Und ich ging immer an seiner Seite mit.

Mein Großvater starb an Blasenkrebs, als ich 13 Jahre alt war. Es war sehr schlimm für mich. Bei Großvater spürte ich, daß er mich mochte. Aber von meiner Mutter und Großmutter konnte ich das nicht behaupten. Da ich keine Geschwister hatte, fühlte ich mich sehr einsam.

Ein Jahr später wurde ich konfirmiert. Mein Spruch hieß:

»Selig sind, die reines Herzens sind; denn sie werden Gott schauen« (Matth. 5, 8). Leider ging mir mein Kinderglaube im Laufe der Jahre immer mehr verloren.

Als ich viele Jahre später zum Glauben fand, hatte ich Probleme damit, zu Gott zu beten. Allein das Wort »Vater« löste Abwehr in mir aus. Mir fehlte seit meiner Kindheit ein Vater, der mich beschützt hätte. Wie gut, daß ich mit Jesus reden konnte !

Mit 16 Jahren lernte ich meinen Mann kennen. Er war ein Jahr älter als ich. Eigentlich war er und ist noch immer ein guter Mann, und wir verstanden uns.

Dann kamen unsere beiden Mädchen zur Welt. Marita war inzwischen zwei Jahre, die kleine Astrid erst zehn Wochen alt. Meine Regelblutung stellte sich aber nicht ein. Ich merkte, daß ich wieder schwanger geworden war.

Mein Mann reagierte sehr ärgerlich: »Von mir kann dieses Kind auf keinen Fall sein! Ich habe mich schließlich vorgesehen!« (Unsere Verhütung bestand in dem Coitus interruptus, auch »Rückzieher« genannt; diese Methode ist sehr unzuverlässig.) Diese Bemerkung meines Mannes verletzte mich tief, so daß ich genauso ärgerlich antwortete: »Wahrscheinlich stammt es dann vom Briefträger!« Ich war verzweifelt, wütend und unendlich traurig.

Für mich gab es keine Lösung. Wir wohnten in einer 45 m² großen Wohnung. Die beiden Kinderbetten standen mit in unserem Schlafzimmer von 13 m². Wo hätten wir ein weiteres Kind unterbringen können? So entschlossen wir uns, die Schwangerschaft zu beenden.

Meine Schwägerin hütete unsere beiden Mädchen, mein Mann war bei der Arbeit, und ich war auf dem schweren Weg zum Heilpraktiker. Grau in grau hing über mir eine Wolkendecke. Aber kein Tropfen Regen kam. Es war mir wie ein Gleichnis für meine verzweifelte Seele. Ich konnte nicht einmal weinen.

Der Heilpraktiker machte verschiedene Ansätze bei der Abtreibung. Aber der kleine Mensch wehrte sich anscheinend mit allen Mitteln. Dreimal mußte ich zu diesen furchtbaren Torturen, die auf einem großen Tisch durchgeführt wurden.

Erst nach dem dritten Mal bekam ich wahnsinnige Schmerzen. Danach setzten schwere Blutungen ein.

Nach dem dritten Mal hatte ich mit meinem Mann einen Treffpunkt ausgemacht. Aber er mußte sehr lange auf mich warten. Als ich schließlich totenblaß bei ihm auftauchte, meinte mein Mann: »Wo kommst du denn jetzt erst her?«

Ich war von entsetzlichen Schmerzen geplagt und konnte mich kaum auf den Beinen halten. Da sagte ich zu meinem Mann: »Wenn du nicht gleich still bist, dann fange ich an, laut zu schreien!«

Aber es waren nicht nur die äußeren Schmerzen. Mein ganzes Inneres war aufgewühlt. Ich würde so etwas nie, nie wieder machen lassen. Noch heute lastet dieses Ereignis schwer auf meiner Seele.

Mit 50 Jahren bekam ich schwere Depressionen. Niemand konnte so recht die Ursache finden. Von sieben

Tagen war ich sechs Tage von argen Kopfschmerzen geplagt. So wurde mein Kopf untersucht. Aber man konnte keinen Anhaltspunkt für eine Ursache finden. Schließlich wurde es als psychisches Leiden diagnostiziert.

In einer psychotherapeutischen Klinik arbeitete ich Stück für Stück meines Lebens auf.

Als wir an den Punkt der Abtreibung kamen, meinte ich, sterben zu müssen. Plötzlich fiel es mir wie Schuppen von den Augen, daß das der Grund meiner Schmerzen war. Ich hatte meinem Kind das Leben verwehrt. Kein Mensch konnte mich mehr davon überzeugen, daß das alles ein Versehen war, nur aus Not entschieden. Die Konfrontation mit meinem niemals geborenen Kind begann.

Tief drinnen meine ich zu wissen, daß es ein Junge war. Ich gab ihm den Namen Matthias.

Schon lange bin ich wieder zu Hause. Ich habe mir vor einem Jahr ein wunderschönes Schimmel-Klavier in Kirschholz gekauft und nehme Klavierstunden. Ich habe mir eine Puppe gekauft, einen lachenden Jungen, der aussieht, als würde er mir zuwinken. Er sitzt auf dem Klavier, und mir scheint, als würde er mir beim Üben zusehen. Jetzt kommen mir die Tränen, wenn ich darüber nachdenke. Wie schön wäre es, wenn ich einen Sohn hätte, der lebt, den ich wirklich berühren könnte!

So »streichle« ich Matthias mit Liedern am Klavier.

Ich habe erst 1985 zum Glauben an Jesus Christus gefunden. Meine Tochter hatte bis dahin schon manches Glaubensgespräch mit mir geführt, da sie selbst schon länger gläubig ist. Das hatte viele Fragen in mir aufgeworfen. Sollte es diesen Gott wirklich geben?

Eines Morgens saß ich in Nieblum, Insel Föhr, auf einer weißen Bank am Deich. Ich war dort mit meinem Mann zusammen in einer privaten Kur. Ich schrie in den Wind und in die Wellen: »Wenn es dich gibt, Herr, dann offenbare dich mir!«

Gott erhörte mein Gebet auf eigenartige Weise.

Liebe Frau Heil, Sie sagten mir, daß ich meinen Jungen in der Ewigkeit wiedersehen werde. Das erweckt eine tiefe Freude in mir. Und es werden keine Vorwürfe da sein? Ich kann es kaum fassen. Wie kostbar wird mir aufs neue das Kreuz und der Tod Jesu.

Edith

Lena-Michelle, das fünfte Kind

Der Indikationsschein in der Handtasche

Unser erstes Kind war ein absolutes Wunschkind. Sieben Jahre später kam dann unser zweiter Sohn zur Welt.

Eineinhalb Jahre später gesellte sich der dritte Junge dazu. Wir waren zufrieden und glücklich mit unseren drei Jungs.

Es war vier Jahre später, als ich merkte, daß ich wieder schwanger war. Dieses Kind war keine Planung und auch nicht gewollt. Es war schlichtweg ein »Unfall«. Und wieder ein Junge.

Spätestens jetzt stießen wir auf großes Unverständnis in der Verwandtschaft und im Freundeskreis. Hinweise wie »Es gibt doch die Pille« oder »Schon mal was von Kondomen gehört?« waren fast an der Tagesordnung.

Heute ist dieser »Unfall« zehn Jahre alt und ein Prachtkerl!

Mit vier Jungs kam ich inzwischen ganz gut zurecht. Es war nicht immer ganz einfach, aber kräftemäßig kam ich gerade so über die Runden.

Inzwischen waren weitere fünf Jahre vergangen.

Meine Regelblutung blieb wieder aus. Ich fühlte mich sehr elend und vermutete wieder eine Schwangerschaft. Von Hochgefühl kann keine Rede sein. Ich war äußerst besorgt darüber, daß meine Befürchtungen wahr sein könnten.

Der Test bei meinem Hausarzt war dann unbestechlich.

Ich war total fertig. »In der heutigen Zeit fünf Kinder zur Welt zu bringen, ist unverantwortlich«, klärte mich der Arzt auf, während er mich auf die erneute Schwangerschaft vorbereiten wollte. Nicht gerade mutmachend!

Meine Gedanken begannen, sich im Kreise zu drehen:
Noch ein Kind, das schaffst du nie!

Was werden die Bekannten sagen?

Du bist doch schon uralt mit deinen 38 Jahren!

Mein Mann war genauso schockiert wie ich. Nach reichlichem Hin und Her suchten wir die Mainzer Beratungsstelle von »Pro Familia« auf.

Das Eigenartige bei allen Schwangerschaften war, daß wir uns immer sehr sorgfältig an meinen Kalender gehalten hatten. Trotzdem war ich immer wieder schwanger geworden.

Manchmal kamen mir Gedanken, ob hinter allen unseren Kindern vielleicht doch »Gott« letztlich als Planer und Schöpfer stünde. Er wußte schließlich auch, daß ich Kinder unendlich liebte und eigentlich nur keine Kraft hatte, mich mit der Umwelt und der Meinung der anderen auseinanderzusetzen.

Aber diese leise Stimme in mir verdrängte ich. Mir schien einfach alles zuviel zu sein. So viele Kinder konnte man doch nicht bewältigen!

Die psychologische Beratung war eine Katastrophe. Ich fühlte mich elend und mißverstanden. Der Psychologe wirkte auf mich wie jemand, der grundsätzlich die von ihm gezeugten Kinder der Abtreibung preisgibt! – Er war ein Mensch ohne Leben. Ich empfand ihn als kalt und abstoßend.

Anschließend hatte ich ein weiteres Gespräch mit einer jungen Ärztin. Sie ging sehr behutsam vor und riet mir von einem Abbruch ab, da sie den Eindruck hatte, ich sei viel zu sensibel für solch einen Eingriff. Sie untersuchte mich nicht einmal gynäkologisch.

Die Info-Papiere für den Eingriff händigte sie mir allerdings aus. »Falls Sie sich trotzdem für einen Abbruch entscheiden, können Sie damit die Anschrift der ausführenden Ärzte erfragen«, informierte sie mich.

Draußen empfing mich eine eisige Brise. Im Auto

wartete ein bedrückter Ehemann auf mich und unsere vier Kinder, die nichts von unseren Kämpfen ahnten.

Etwa zwei Wochen später hörte ich im Rahmen einer Gemeindeveranstaltung einen Vortrag von Ruth Heil. Ich war tief beeindruckt. Hier stand jemand, der anders dachte über Kinder, Ehe – und über Gott. Das war wie Balsam für meine Seele.

Kurz darauf vereinbarte ich einen Termin mit Ruth Heil und suchte sie zu Hause auf. Den Indikationsschein für eine Abtreibung hatte ich in der Handtasche. Irgendwann mußte ich mich ja entscheiden.

Frau Heil sprach mir Mut und Zuversicht zu, die Herausforderung der Schwangerschaft und dieses Kind mit »Gottes Hilfe« anzunehmen. »Wir brauchen die Kraft nicht im voraus«, sagte sie zu mir. »Aber Gott wird sie schenken, wenn es nötig sein wird.«

Jetzt wußte ich es. Dieses Kind sollte leben! Den »Totenschein« zerriß ich in tausend Stücke.

Im Oktober kam Lena-Michelle zur Welt, unser erstes Mädchen nach vier Buben.

Gott hat mich nicht durchhängen lassen!

Sicher hatte es zwischenzeitlich noch manche Anfechtung gegeben. Beispielsweise riet mir mein Frauenarzt dringend zu einer Fruchtwasseruntersuchung. »Sie sind immerhin schon 38 und ihr Mann 46. Das Risiko, ein geschädigtes Kind zu haben, ist weit größer, als wenn sie jünger wären«, informierte er mich.

Ich war damit nicht einverstanden. Zum einen wußte ich, daß jedes 1000. Kind bei einer solchen Untersuchung zu Schaden kam, zum anderen kam eine Abtreibung für mich überhaupt nicht mehr in Frage. Nun ließ mich der Arzt in jeder Untersuchung spüren, daß er mich als asozial ansah.

Später, als die Entbindung schon lange vorbei war, führten wir oft lange Gespräche über Gott. Er sagte mir, daß er ursprünglich Theologe hatte werden wollen. Sein Vater aber hatte es ihm verboten.

Unsere Nachbarn, Verwandten und Bekannten fielen aus allen Wolken, als unsere Geburtsanzeige in der Zeitung erschien. Wir hatten es vorher niemandem gesagt.

Ich habe seitdem vieles dazugelernt.

Kinder bedeuten durchaus ein Mehr an Arbeit, Zeitaufwand, Nervenkraft und Selbstaufgabe.

Aber Gott ist ebenso da mit einer Extradosis an Kraft, Liebe und Segen!

Segen bedeutet für mich unter anderem, daß wir uns auch nach 24 Ehejahren noch so viel zu sagen haben. Unsere Beziehung zueinander sprüht immer noch vor Leben. Für mich ist das ein Zeichen von Gott, der uns gerade mit dem letzten Kind die Botschaft gab: »Wenn ihr nach meinem Willen lebt, bin ich da, um euch zu segnen.«

Unser Ältester ist inzwischen 23 Jahre alt. Lena-Michelle hat sich zu einem süßen Mädchen entwickelt. Sie ist fünf Jahre alt, steckt voller Vitalität und ist der Liebling ihrer Brüder.

Monika Heinrich

Der Alptraum

Mein Leben lief in recht geordneten Bahnen. Ich wuchs in einer guten Familie auf und hatte gute Freunde.

Als ich noch nicht einmal 15 Jahre alt war, veränderte sich mein Leben schlagartig. Durch meinen Freund wurde ich schwanger. Wir selbst und unsere beiden Familien standen unter einem schweren Schock. Ich konnte doch nicht mit 15 Jahren ein Kind zur Welt bringen und es aufziehen, wo ich selbst noch ein Kind war!

Was sollten wir nur tun? Wen auch immer ich um Rat fragte, alle waren sich einig, daß nur ein Schwangerschaftsabbruch in Frage kam. »Es ist die einzige Lösung«, ließ mich jeder wissen.

Obwohl ich zu dem damaligen Zeitpunkt mehr Kind als Erwachsener war, plagten mich schwere Schuldgefühle. Tief drinnen wußte ich, daß es nicht recht war. »Dieses Kind will leben, wie ich leben will«, versuchte ich zu schreien. Aber es war nur ein innerer Schrei, den ich so nicht einmal formulieren konnte.

Die letzte Entscheidung lag auf meinen Schultern, und ich fühlte sie wie eine zentnerschwere Last. Aber ich sah keinen Ausweg aus dieser Situation. So beschloß ich, mich dem Drängen meiner »Berater« zu fügen.

Ein paar Monate nach dem Eingriff zerbrach die Beziehung zu meinem Freund. Dieses traurige Ereignis bestätigte mich nun in der Entscheidung, daß der Abbruch der richtige Weg gewesen war. Ich wußte damals noch nicht, daß Freundschaften nach Abtreibungen fast immer auseinandergehen.

Die nächsten drei Jahre ging es mir ganz gut. Ich war froh, normal weiterleben zu können. Zwar kamen immer wieder Schuldgefühle in mir hoch, aber da ich nicht damit umzugehen wußte, verdrängte ich sie, so gut ich konnte.

Mit 17 Jahren lernte ich in der Schule einen Jungen kennen, der anders war als die anderen. So ließ ich keine Gelegenheit aus, mit diesem Jungen zu reden. Er erzählte mir oft, was ihm am wichtigsten im Leben war: Jesus. Ich spürte, daß dies der Schlüssel für seine außergewöhnliche Ausstrahlung war. Aus Neugierde und Interesse besuchte ich mit meinem Schulfreund ein Jahr lang seinen Jugendkreis. Ich bekam Sehnsucht danach, mein Leben ganz mit Jesus zu verbringen.

Doch dann wurde mir bewußt, daß das gar nicht möglich war. Ich konnte nicht auf der einen Seite solch eine schwere Schuld wie den Schwangerschaftsabbruch auf mich laden und auf der anderen Seite diesem Jesus, der ganz ohne Schuld war, gehören wollen: Das paßte nicht zusammen. Wem hätte ich mich mit diesen Fragen anvertrauen können? Ich wollte niemanden wissen lassen, womit mein Leben belastet war.

Eine tiefe Reue über meine Vergangenheit kam in mir auf, und ich merkte, daß Jesus, den ich liebgewonnen hatte, traurig über mich war. Diesen Zustand konnte ich kaum aushalten.

Auf einer Jugendfreizeit lernte ich Ruth Heil kennen. Ich hatte Vertrauen zu ihr und sprach meine innere Not aus.

Sie erklärte mir, daß Jesus Christus nicht für die Gerechten gekommen ist, sondern für die, die unter ihrer Schuld leiden. »Jesus ist genau deshalb am Kreuz gestorben, damit du diese Schuld nicht mehr tragen mußt. Seine Liebe zu dir ist so groß, daß er deine Schuld auslöschen will, als sei sie nie geschehen.« Ich konnte es kaum fassen. Dieser Jesus würde mich nicht verurteilen, wie es mein Gewissen ständig tat? Dieser Jesus wollte mir vergeben, mich heilen!

Ich betete und brachte meine Verzweiflung, meine Schuld, meine Traurigkeit zu ihm. Es war, als würde ein schwerer Rucksack von mir abfallen, der mich monatelang belastet hatte.

Jesus begann mit einem Heilungsprozeß in meiner Seele und veränderte mein Leben von Grund auf.

Einige Jahre später lernte ich einen lieben Mann kennen. Wir heirateten, und bald hatten wir beide den Wunsch nach einem Kind. Ich hatte erkannt, welchen Wert Kinder in den Augen Gottes haben, und das hatte zu diesem tiefen Verlangen in mir geführt.

Doch nach einer Eileiterschwangerschaft erklärte uns der Frauenarzt, daß wir nie mehr Kinder haben würden. »Eine geringe Chance besteht darin, daß Sie sich einer komplizierten Operation unterziehen. Und auch dann besteht nur eine Erfolgsquote von 25 Prozent«, ließ er uns wissen.

Mein Mann und ich waren darüber sehr verzweifelt. Mir kamen Gedanken, daß dies eine Folge meiner Abtreibung war. Es war gerecht, daß ich keine Kinder bekam. Ich war es gar nicht wert, Mutter zu werden, nachdem ich ein Geschöpf Gottes in der Jugend so leichtfertig weggeworfen hatte!

Trotzdem beteten wir von Herzen zu Jesus, daß er unsere Not doch wenden möchte.

Es war nur ein halbes Jahr später, als ich erneut schwanger wurde. Unser Dank zu Gott war grenzenlos.

Innerhalb von sechs Jahren vertraute uns Gott nacheinander drei Kinder an. Dabei durfte ich lernen, daß Gott uns durch Jesus nicht nur vergibt, sondern auch wirklich heilt – daß er nicht abrechnet, sondern voller Gnade ist. Und daß er ein Gott ist, der Gebete erhört.

Anne

Die Sehnsucht nach dem dritten Kind

Es begann vor fünf Jahren. Unsere kleine Tochter Sylvia war eigentlich schon groß, nämlich fünf, und Tobias, unser Junge, drei Jahre alt. Ich merkte, wie sich Monat um Monat in mir die Sehnsucht steigerte, ein weiteres Kind zu bekommen. Unsere Kinder waren von meinen Gedanken ganz begeistert. Besonders Sylvia malte sich schon aus, wie sie das Geschwisterchen füttern und wickeln würde.

Doch mein Mann hatte ganz andere Gedanken und Gefühle. »Wie stellst du dir das vor?« fragte er mich. »Finanziell ist das überhaupt nicht zu schaffen. Und außerdem können wir jetzt endlich mal wieder schlafen. Willst du wieder Nacht für Nacht einen Schreihals versorgen und kaum zur Ruhe kommen?«

»Na ja«, dachte ich, »vielleicht hat er recht. Vielleicht sollte ich mich nach einer Arbeitsstelle umsehen, um auf andere Gedanken zu kommen.«

Inzwischen feierten wir Tobias' vierten Geburtstag. Er kam in den Kindergarten. Sylvia wurde eingeschult.

Der Kindergarten bot mir eine Teilzeitarbeit an. Ich freute mich darüber, wie Gott das alles für mich lenkte. Denn so konnte ich Kinder um mich haben und gleichzeitig in der Nähe von Tobias sein.

Ich ging eine Woche arbeiten und fand es zunächst toll. Meine Hausarbeit erledigte ich nachmittags und abends. Aber nach einigen Wochen ließ meine Kraft nach. Morgens der Kindergarten, mittags die Kinder und der Haushalt. Ich fiel abends todmüde ins Bett. Ich wurde depressiv und schlecht gelaunt. Eine Mutter, die häufig schlechte Laune hat, ist keine gute Mutter, genauso wenig wie eine gereizte Frau eine gute Ehefrau ist.

Es wäre vielleicht so weitergegangen, wenn Gott

nicht wieder eingeschritten wäre. Ich glaube, er wollte mir zeigen, daß ein Job zur Zeit noch nicht das Richtige für mich sei.

Unsere beiden Kinder bekamen nacheinander die Windpocken. Ich konnte sie mit vier und sieben Jahren doch nicht allein zu Hause lassen! So blieb ich nun wieder daheim.

Wie froh war ich darüber, nur Hausfrau und Mutter, natürlich auch Ehefrau zu sein!

Ich dankte Gott für diese Lehre und fand das Leben herrlich. Es dauerte allerdings nicht lange, bis sich wieder der Wunsch nach einem Baby einstellte.

Dieses Mal war er so stark, daß daran fast unsere Ehe zerbrochen wäre. Es wurde so schlimm, daß ich gar nichts anderes mehr denken konnte. Wenn ich schwangere Frauen sah, überfiel mich Neid. Sah ich Mütter mit drei Kindern, wurde ich depressiv. Ich beneidete nicht nur diese Frauen um ihr zusätzliches Kind, sondern auch um deren Männer, weil sie dieses Kind offensichtlich gewollt hatten.

Mit der Zeit hatte ich den Eindruck, daß ich darüber psychisch krank werden würde.

Tobias wurde fünf und Sylvia acht Jahre alt. Mein Mann konnte meine Sehnsucht irgendwie begreifen. So schenkte er mir einen Hund, ein winziges Dalmatinerbaby. Es war süß und relativ schnell sauber. Die Kinder freuten sich riesig und hatten große Freude an diesem Hund.

Mir ging es dadurch ein bißchen besser. »Ein toller Ersatz«, dachte ich, bis ich merkte, daß es keiner war.

Unser Dalmatinerweibchen wurde ein Jahr alt.

Obwohl mein Mann nicht ganz damit einverstanden war, nahmen wir ein Pflegekind auf. Roman, ein kleiner Junge von zwei Jahren, war nun täglich acht bis zehn Stunden bei uns. Ich war zufrieden. Den Wunsch nach einem Baby gab ich an Gott ab. »Ich werde nicht mehr darum kämpfen«, sagte ich zu Gott. »Wenn ich wirklich noch ein Kind bekommen sollte, Herr, soll es deine Entscheidung sein. Ich überlasse dir mein ganzes Leben, denn du sorgst für mich. Ich vertraue darauf, daß du mich kennst und weißt, was das Beste für mich ist.«

Nach diesem Gebet kam ein großer Friede in mein Herz.

Gott kannte mich besser als ich mich selbst. Entweder würde er mir den Wunsch ganz wegnehmen – oder er würde mit meinem Mann reden.

Ich hörte völlig auf, meinen Mann zu bedrängen.

Meine Launenhaftigkeit verschwand, und ich hatte inneren Frieden.

Einige Zeit später kam halbtags ein weiteres Pflegekind dazu. Es war ein neun Monate alter Junge. Ich fühlte mich ausgeglichen und froh.

Roman war gerade ein halbes Jahr bei uns, als ich schwanger wurde.

Dieses Kind war keine Planung. Jahrelang hatte ich mir das zwar so gewünscht, aber nun, da es sich ereignet hatte, konnte ich mich nicht recht freuen. Mir saß die Angst im Nacken. Wie würde mein Mann reagieren? Was würden die Eltern sagen? Könnte ich dieses Kind je richtig lieben?

Mein Mann reagierte sehr negativ. Er verlangte sogar eine Abtreibung. Nachdem meine Schwiegermutter informiert war, redete sie kaum mehr mit mir. Sie nahm an, ich hätte dieses Kind erzwungen.

Während dieser Schwangerschaft weinte ich sehr viel. Aber Gott gab mir Kraft und Mut, alles durchzustehen. Inneren Halt fand ich in dieser Zeit besonders in unseren Kindern, die sich so richtig auf ihr Geschwisterchen freuten. Es überraschte mich, daß sich auch meine Eltern mir zuwandten und voll zu mir standen.

Eine liebe Freundin sagte in dieser Zeit einmal zu mir: »Das sehe ich, wenn ich dich anschaue: Die mit Tränen säen, werden mit Freude ernten.«

Und dieses Wunder hat Gott an uns gewirkt!

Am Tag der Geburt unseres Jüngsten war mein Mann sehr aufgeregt.

Unsere beiden anderen Kinder wurden, während ich ins Krankenhaus ging, von meinen Eltern betreut.

Und dann geschah es: Mein Mann zeigte mir zum ersten Mal wieder seine Fürsorge und Liebe. Wie gut tat das meiner Seele! Seit diesem Tag ist er wieder der liebevolle Ehemann von früher – und wir alle eine glückliche Familie.

Mein Mann hängt an diesem jüngsten Kind so sehr wie an unseren beiden anderen. Dieses Kind ist ein richtiger Sonnenschein für die ganze Familie.

Das hat Gott getan. Ich preise seinen Namen!

Mein Mann beschreibt seine damalige Reaktion folgendermaßen:

»Der Gedanke, drei Kinder zu haben, war wie ein riesiger, unüberwindlicher Berg für mich. Doch als ich merkte, daß wirklich nichts mehr daran zu ändern war, fügte ich mich ins Unvermeidliche. Langsam schien der Berg kleiner zu werden. Als der kleine ›Sonnenschein‹ schließlich geboren war, kam mir der Berg so vor, als könnte ich ihn bewältigen.

Immer noch bin ich nicht frei von Ängsten, z.B. ich könnte die finanzielle Seite unserer Familie nicht meistern. Aber bis heute hat uns Gott treu durchgeholfen. Jedenfalls würde ich unseren Jüngsten nie wieder hergeben wollen.«

Maria

Mein Ungeborenes ist »zu Hause«

Schon bevor wir heirateten, wünschten wir uns vier Kinder. Wir bekamen nacheinander drei Jungen im Abstand von zwei bis drei Jahren. Unser Jüngster war zwei Jahre alt, als sich ein weiteres Baby ankündigte.

Wir alle freuten uns riesig. Für mich war es die erste Schwangerschaft, in der mir nicht übel war. Ich war wohl sehr müde, doch rundherum glücklich.

In der zehnten Schwangerschaftswoche traten plötzlich Blutungen auf. Wir waren sehr beunruhigt. Obwohl es Samstag war, suchte ich sofort meine Ärztin auf.

Von dem entstehenden Kindlein, auf das ich mich so gefreut hatte, waren keinerlei Lebenszeichen mehr festzustellen. Die Ärztin wies mich sofort ins Krankenhaus ein. Wir brachten unsere Kinder zu Verwandten und machten uns auf den Weg in die Klinik. Mein Mann und ich versuchten, uns über unsere Gefühle Klarheit zu verschaffen. Wir waren einfach verwirrt und zu keinem vernünftigen Gedanken fähig. Immer noch hofften wir, daß dies alles auf einem Irrtum beruhen würde.

Im Krankenhaus wurden jedoch alle Hoffnungen zunichte:

»Da ist leider nichts mehr zu machen«, informierte man uns. »Das kommt öfter vor. Die Natur hilft sich selbst, indem sie Kinder aussondert, die sowieso nicht lebensfähig wären.« Die Ärzte waren allesamt nett und versuchten, keine Schuldgefühle bei uns aufkommen zu lassen. Man erlaubte mir, bis Sonntagabend heimzufahren. Montags sollte dann eine Ausschabung vorgenommen werden.

Ich erlebte schlimme Stunden. Die Verzweiflung packte mich. Hatte ich etwas falsch gemacht? Immer wieder bat ich Gott, mir zu zeigen, wie ich das alles einordnen sollte. Wieso passierte das gerade bei uns?

Ich konnte das alles nicht verstehen. Es tröstete mich, daß einige in der Gemeinde davon wußten und für uns beteten.

Sonntagmittag setzten sehr starke Blutungen ein. Ich war erleichtert, als ich endlich im Krankenhaus war. Eine liebe Freundin kam fast gleichzeitig mit uns in der Klinik an. Sie hielt mich einfach nur im Arm. Wir brauchten uns kein Wort zu sagen, wir weinten nur einfach miteinander.

Meine Bettnachbarin hatte schon mehrere Fehlgeburten hinter sich. »Warum lassen Sie sich nicht auch gleich sterilisieren?« fragte sie mich.

Ich war fix und fertig. Daß wir uns vier Kinder wünschten und uns auf dieses Baby gefreut hatten, schien ihr unbegreiflich zu sein.

Als ich meinen Mutterpaß zurückbekam, war die Seite der begonnenen Schwangerschaft durchgestrichen. So war das also. Einfach ein Strich durch, einfach vorbei, was kurz zuvor als Leben in mir wuchs – was erwartet und willkommen gewesen war. Stempel: erledigt, Deckel zu.

Und die schmerzlichen Erfahrungen gingen weiter:

»Was regst du dich auf, du hast doch schon drei Kinder!« –

»Ach, so schlimm ist das doch gar nicht. Man weiß nicht, für was es gut war.« –

»Sei doch froh, daß du drei gesunde Kinder hast. Man soll das Schicksal nicht herausfordern.« –

»Es war doch erst die zehnte Woche.« –

»Ja, wenn es das erste gewesen wäre – aber das vierte . . .«

Diese gefühllosen Bemerkungen machten mir arg zu schaffen. Sie verstanden nicht, daß es genau dieses Baby war, auf das wir uns gefreut hatten.

Wir hatten diesem Kind nie von Gott erzählen können. Nie durfte es die Sonne, die Blumen, das Leben kennenlernen!

Es gab aber auch Menschen, die sehr verständnisvoll reagierten: ein ganz lieber Brief, ein Gruß, eine herzliche Umarmung, ein Händedruck.

Im Gottesdienst wurden wir lieb willkommen geheißen. Aber es war nicht unproblematisch. Diejenigen, die ein Baby erwarteten, trauten sich gar nicht recht, mit mir zu sprechen. Sie dachten wohl, es würde alles noch schwerer werden, wenn ich sah, wie glücklich sie waren. Im nachhinein kann ich es verstehen. Damals tat es weh.

Wenn ich im kleinen Kreis darüber sprechen konnte, merkte ich, daß dabei meine Gefühle aufgearbeitet wurden.

Ich drehte mich so sehr um meine Not, daß ich die Familie vernachlässigte. Die Kinder sackten in der Schule mit den Noten ab. Ich mußte mich einfach wieder mehr um sie kümmern.

Bei meinem Mann hatte ich das Gefühl, daß die Sache für ihn abgeschlossen war.

Ich wollte auch niemandem auf die Nerven gehen und begann, nicht mehr darüber zu sprechen. Aber in meinem Herzen arbeitete es unablässig weiter. Fertig war ich noch lange nicht mit diesem nie geborenen Kind.

Wir entschlossen uns, an einem Eheseminar teilzunehmen, damit wir wieder ein Ziel hatten, auf das wir uns freuen konnten.

Dort hatte Gott eine andere Mutter vorbereitet, damit ich heil werden durfte. Ich traf Ruth Heil. Kurz zuvor hatte auch sie ihr Kleines in der zehnten Schwangerschaftswoche verloren. Als ich meinen Schmerz erwähnte, fing sie zu weinen an. Endlich hatte ich eine Frau gefunden, die genauso fühlte wie ich, die ihr Baby auch so grenzenlos vermißte, die auch so traurig war. Ich sah all meine Gefühle, Empfindungen und Gedankengänge verstanden. Da wußte jemand, wovon ich sprach – verstand meine Fragen.

Als wir miteinander beteten, gab Gott uns einen besonderen Moment der Gnade. Es wurde uns klar: Unsere

beiden Winzlinge sind bei Jesus, sie kennen sich, es geht ihnen gut, sie feiern schon!

Das war ein herrliches Erlebnis: Die Gewißheit, daß Gott weiß, was er tut, daß er einen guten Plan für unser Leben hat, war vom Kopf ins Herz gesunken. Der Schmerz um den Verlust des Babys war noch nicht ganz vorbei, doch ein tiefes Vertrauen in Gottes Weisheit ließ meiner inneren Verzweiflung keinen Platz mehr.

Ich wußte jetzt, daß er mit mir nur das Beste im Sinn hatte. Mir tat es auch nicht mehr so weh, daß mein Mann nicht so tief wie ich litt. Gott hatte ihn als Mann geschaffen, und deshalb mußte er dieses Erlebnis als Mann verarbeiten und nicht als Frau. Ich hörte auf, von ihm zu erwarten, daß er reagieren müßte, wie ich es mir gewünscht hatte.

Kurz darauf war ich wieder schwanger. Die Freude darüber war groß, wenn sich auch eine gewisse Angst einschlich.

Fast auf den gleichen Tag wie in der vorangegangenen Schwangerschaft setzten plötzlich starke Blutungen ein. Sie waren noch schlimmer als beim ersten Mal. Die Ärztin, die ich telefonisch informierte, meldete uns sofort wieder im Krankenhaus an.

Auf dem Weg dorthin gingen uns viele Dinge durch den Kopf. Warum schon wieder? Sollten wir vielleicht gar kein Baby mehr haben? War das Ganze nur ein Wunsch von uns, aber von Gott gar nicht abgesegnet? Uns wurde klar, daß wir weder die Kraft noch den Mut hatten, es danach noch einmal zu probieren. Sollte es wieder eine Fehlgeburt sein, wollten wir uns zufriedengeben und es als Zeichen Gottes ansehen. Eigentlich waren wir sicher, daß wir auch dieses Kind nicht behalten durften. Die Blutung war viel stärker als beim ersten Mal.

Im Krankenhaus wagten wir kaum, richtig auf das Ultraschallgerät zu schauen. Aber da, es bewegte sich! Das kleine Herz schlug regelmäßig.

Nun mußte ich eine Woche bei strenger Bettruhe zur Beobachtung dableiben. Und anschließend folgte eine drei Wochen lange Liegezeit zu Hause.

Als der Geburtstermin unseres nie geborenen Babys kam, war ich mit der neuen Schwangerschaft schon in der 20. Woche. Das half mir sehr über das bedrückende Gefühl dieser Tage hinweg.

Diese Schwangerschaft war mit vielen Komplikationen verbunden. Einmal mußte ich liegen wegen zu hohem Blutdruck, dann war zu wenig Fruchtwasser vorhanden. Manchmal fragten wir uns, ob Gott wohl etwas Besonderes mit diesem Kind vorhätte.

Schon einige Zeit vor dem Geburtstermin lag ich schon wieder im Krankenhaus.

Aber schließlich war es die schönste Geburt, die mein Mann Rudolf und ich erlebt haben. Wir waren so unendlich glücklich, daß Gott uns nach der Fehlgeburt und all den vorausgegangenen Ängsten ein gesundes Mädchen schenkte.

Nach drei Buben ein Mädchen, das war die Krönung!

Kürzlich hatten wir im Hauskreis eine Gruppenarbeit über Römer 8. Eine junge Frau erwähnte, daß sie dabei an mich und das Baby denken müßte, das ich nie hatte sehen dürfen. Ich wußte zunächst nicht, was sie damit meinte. Aber dann begriff ich diesen wunderbaren Vers: »In allem überwinden wir weit durch den, der uns mächtig macht, Christus« (Röm. 8, 37). Dieses Baby habe ich nicht vergessen, aber ich weiß es in den Armen Gottes geborgen. Und das ist der beste Platz, den man sich aussuchen könnte.

Auch ich fühle mich dort geborgen, am Vaterherzen Gottes. Er läßt manches zu, was wir bis heute nicht verstehen, aber er tröstet auch. Und eines Tages wird uns alles klar sein.

Connie Starck

Ein neues Haus für uns

In einem Kinderbuch forderte Ruth Heil Kinder auf, ihr Tiergeschichten zuzusenden. So schickte unsere Tochter Elisabeth, die gerne liest und schreibt, ihr ein Erlebnis mit unserem Hasen zu.

Dies war der Beginn eines Briefkontaktes zwischen Frau Heil und mir.

Wir begegneten uns dann zum ersten Mal, als sie auf Schloß Klaus in Österreich eine dreitägige Frauenfreizeit hielt. Zu dieser Zeit fühlte ich mich sehr erschöpft. Eine Fehlgeburt hatte mich ziemlich angegriffen, und die Mißverständnisse zwischen meinem Mann und mir machten mir arg zu schaffen.

Ruth sprach über die unendliche Liebe Gottes und daß er jeden von uns zu einem Original gemacht hat. Sie hob hervor, wie einmalig Gott einem jeden Gaben anvertraut habe, für die er verantwortlich sei. »Es geht nicht darum herumzuschauen, was andere haben«, sagte sie, »sei nur treu in dem, was Gott dir gab.« Sie sprach von dem liebenden Gott, der sich uns zuwendet, um uns innerlich heil zu machen, der uns seine Liebe schenkt, auch, und gerade wenn wir versagt haben. All diese Worte waren wie Balsam für meine wunde Seele. Ganz langsam bekam ich wieder Boden unter die Füße.

Neu wurde mir bewußt, daß ich kein Unfall bin und kein Zufall, sondern liebevoll geplant vom Herrn der Welt.

So lernten wir es und lernen es oft täglich wieder, uns in der Familie und Ehe immer neu anzunehmen, wie auch die Barmherzigkeit Gottes täglich neu ist.

Inzwischen war ich wieder zu Hause. Die Zustände in unserer Wohnung wurden unerträglich. Oft schafften

wir es im kalten Bergwinter nicht, die Räume über 17 Grad zu heizen. Außerdem klappte in dem alten Bauernhaus oft die Wasserversorgung nicht.

Wir haben drei Kinder. Sie sprachen uns an: »Mama, Gott ist so groß, da kann er uns doch auch ein Haus schenken!« Eigentlich glaubten wir als Eltern an die Größe Gottes. Aber wie sollten wir ohne Kapital an ein Haus kommen? Das schien uns unmöglich. Aber beten würde auf jeden Fall nicht schaden, dachten wir. Da unsere Kinder treu dafür beteten, wollten wir uns auch nicht ausschließen.

Und das Wunder geschah! Sicher geschah es aus dem Glauben der Kinder heraus. Wie hätte Gott unseren Unglauben belohnen können?!

Wir hatten wohl mit den Kindern über die Größe Gottes gesprochen, aber wirklich zugetraut hatten wir es ihm nicht, daß er konkret helfen würde. Noch heute schämen wir uns dafür.

Was haben wir für einen gewaltigen Gott als Vater, der alles erschaffen hat! Sollte ihm etwas zu groß sein?

Seit drei Wochen wohnen wir in unserem neuen Reihenhaus und kommen aus dem Staunen nicht mehr heraus.

Noch viel mehr Wunder sind geschehen: daß ich mit meinem Mann wieder froh werden durfte und Gott uns half, einander neu anzunehmen. Und das brauchen wir immer noch nach 16 Ehejahren. Denn wir sind sehr unterschiedlich. So ließ uns ein Berater in einer schweren Ehekrise vor sechs Jahren wissen: »Entweder endet alles im Chaos, oder es wird ein großer Segen für euch selbst und andere.«

Daß es ein Segen wird, ist mein tägliches Gebet. Gewiß gibt es hin und wieder Probleme. Doch es ist ein Lernprozeß, der immer besser gelingt. Wir haben wirklich einen wunderbaren Gott. Er schenkte uns nicht nur ein wunderschönes Haus. Er ließ uns auch als Ehepaar wieder glücklich werden. »Bei den Menschen ist's unmöglich, bei Gott sind alle Dinge möglich!« (Matth. 19, 26).

Lobe den Herrn, meine Seele, und vergiß nicht, was er dir Gutes getan hat!

Wiltraud Schweiger

Mein Mann ist Rollstuhlfahrer

Von Beruf bin ich Krankenschwester. Hierzu verspüre ich eine innere Berufung. Und so ging ich auch ganz darin auf, anderen Menschen zu helfen. Und doch war da tief in mir der Wunsch, einen gleichgesinnten Partner zu finden, dem ich meine Liebe schenken konnte.

Alle bisherigen Freundschaften waren ziemlich unverbindlich geblieben. Es waren allesamt nette junge Männer. Aber mit keinem von ihnen hätte ich mein ganzes Leben verbringen wollen.

Zu dieser Zeit war ich schon Christ und hatte den Wunsch, so zu leben, wie Gott das wollte. Ihm traute ich zu, daß er mich recht führen würde. Manchmal war ich innerlich bedrückt und flehte zu Gott, er möge mich doch wissen lassen, ob es nicht irgendwo einen Menschen gäbe, bei dem sich gegenseitiges Geben und Nehmen die Waage halten würden, jemanden, mit dem ich Einheit sein konnte.

Die Vorstellung, allein durchs Leben zu gehen, fiel mir nicht leicht.

Eines Nachmittags gab mir Gott ein Zeichen. Ich hörte deutlich Gottes Stimme: »Mein Kind, ich habe etwas Besonderes für dich. Du wirst dem Menschen, nach dem du dich sehnst, bald begegnen. Ihr müßt viel Schweres durchstehen, aber ich will mit euch sein und euch segnen.«

Tiefer Friede erfüllte mich.

Ich rätselte in der folgenden Zeit immer wieder daran herum, was dieses Besondere wohl sein könnte. Aber ich kam nicht dahinter. So gab ich alles Gott hin und versuchte, in Gelassenheit auf Gottes Stunde zu warten.

Der leitende Pfleger unserer Station erzählte uns eines Tages von einem Freund, der einen schweren

Motorradunfall gehabt hatte. »Uwe ist noch nicht einmal zwanzig«, sagte er betroffen. »Die Querschnittslähmung, die er davongetragen hat, beginnt schon am fünften und sechsten Brustwirbel.«

Das bedeutete, daß dieser junge Mann zeit seines Lebens an den Rollstuhl gefesselt sein würde!

Obwohl ich diesen jungen Mann nicht kannte, prägte sich das Gesagte in mein Herz ein. Immer wieder mußte ich an ihn denken. Wie mochte er mit der furchtbaren Situation fertig geworden sein? Oft stellte ich mir die Frage, wie ich selbst damit umgehen würde.

Nach einem Jahr wurde Uwe aus dem Krankenhaus entlassen. In dieser Zeit war er durch schwere Krisen gegangen.

Bis dahin waren wir uns noch nicht begegnet.

Kurz nach seiner Entlassung sahen wir uns zum ersten Mal. Es war in der Wohnung unseres Stationspflegers, in der wir uns immer wieder mit Freunden trafen.

Als ich ihn dort im Rollstuhl sitzen saß, wußte ich sofort, daß es nur Uwe sein könnte. Bevor ich ihm zur Begrüßung die Hand geben wollte, trafen sich unsere Blicke. In diesem Moment war es mir, als würden lauter Funken zwischen uns sprühen.

Ich hatte mich verliebt. Nie zuvor im Leben waren mir solche leuchtenden Augen begegnet! Ich war einfach fasziniert.

Irgendwas mußte auch ihn gefesselt haben. Denn nun besuchte er mich des öfteren auf Station. Jedesmal, wenn er kam, war ich so durcheinander, daß ich vor Aufregung alles fallen ließ. In Uwes Gegenwart klopfte mein Herz so heftig, daß ich meinte, er müsse es hören.

Mir wurde klar, daß ich noch nie so verliebt gewesen war. Aber ich versuchte, auch einen kühlen Kopf zu behalten:

Es gab für mich nur verbindliche Partnerschaft. Ein Flirt kam für mich nicht in Frage.

Doch wenn diese Partnerschaft zustande käme, wie

würde alles weitergehen? Würde ich alles Schwere eines Rollstuhldaseins aushalten können, wenn einmal diese Verliebtheit nachließe? Könnte ich es ertragen, möglicherweise nie eigene Kinder zu haben?

Ich spürte, daß ich dazu keine Kraft hatte. Aber ich merkte, wie Gott mir innerlich zusprach: »Meine Kraft ist in den Schwachen mächtig!«

Wenn Gott wollte, daß wir zusammengehörten, dann würde er uns auch die Kraft geben. In einer durchwachten Nacht bat ich Gott darum, mir die Antwort zu geben. Und am Morgen hatte ich die Gewißheit: »Ja, dieser Weg ist der richtige!«

Nicht lange danach hatten wir unsere erste Verabredung. Ich staunte, wie Uwe mit allem zurechtkam. Den Rollstuhl packte er allein in sein Auto, und er fuhr mit mir ins Grüne. Wir hatten uns so viel zu erzählen, daß wir nicht merkten, wie die Stunden dabei im Flug vergingen. Welches Thema wir auch anschnitten, es gab überraschend viele Gemeinsamkeiten zwischen uns. Wir entdeckten ähnliche Gefühle und Gedanken.

Was den Glauben an Gott betraf, so war ich schon lange auf diesem Weg. Uwe hatte nach dem Unfall zum ersten Mal nach Gott gefragt und dann in der tiefsten Verzweiflung zu ihm gefunden.

Wie auch ich, hatte Uwe Gott darum gebeten, ihm seinen Willen zu zeigen. »Wenn es einen Weg für uns beide gibt, Herr«, flehte er zu Gott, »dann zeige ihn uns.«

In der folgenden Zeit gab es viele Hindernisse zu überwinden. Die meisten unserer Verwandten und Bekannten waren voller Bedenken. Unsere Entscheidung füreinander wurde uns dadurch nicht leichter gemacht. Aber wir stellten beide erstaunt fest, wie uns das noch fester miteinander verband.

Unsere Liebe gewann immer mehr an Tiefe.

Genau ein Jahr nach unserem Kennenlernen heirateten wir. Miteinander zu leben ist anders, als sich nur gelegentlich zu treffen. Ich mußte lernen, Tag für Tag mich mit den Schwierigkeiten eines Rollstuhlfahrers zu beschäftigen. Und für Uwe war es nicht immer einfach, mit meinem Temperament und meinen Reaktionen umzugehen.

Immer wieder kämpften widerstreitende Gefühle in mir. Einerseits wußte ich, daß Gott keine Fehler macht und nichts geschehen läßt, was uns nicht zum Besten dient. Andererseits lag ich Gott in den Ohren, warum es uns nicht vergönnt war, wie andere gemeinsam zu laufen, Treppen zu steigen, vor Freude herumzuspringen, spontan in einem See zu baden, Fahrrad zu fahren oder zu tanzen.

Ich weiß, irgendwann werden wir einmal Gottes Antwort kennen. Und dann werden wir auch verstehen, was Gott damit bezweckte.

Aber schon jetzt, nach zehn Ehejahren, ist uns bewußt, daß Verzichtenmüssen in manchen Bereichen nicht unbedingt Mangel bedeutet.

Unsere Liebe zueinander ist dadurch tiefer und fester geworden. Gott steht zu uns. Wir spüren täglich, wie er uns durch Höhen und Tiefen durchträgt.

Wir haben auch entdeckt, wie entspannend es in vielen Situationen ist, Humor zu haben. Manches ist leichter zu ertragen, wenn man darüber lachen kann.

Inzwischen haben wir zwei Kinder, einen Jungen (5) und ein Mädchen (2) bekommen. Fünf Jahre mußten wir, trotz großem Kinderwunsch, darauf warten. Eine Querschnittslähmung bringt eben manche Barrieren mit sich.

Kinder sind eine Bereicherung in unserer Beziehung. Neben der Freude für uns vier gibt es auch genügend Probleme, die es zu bewältigen gibt:

Uwe arbeitet acht Stunden täglich und kommt oft »geschafft« aus dem Büro nach Hause.

Ich fühle mich als Mutter und Hausfrau auch voll gefordert.

Wir sind immer noch am Lernen, uns in unserer Verschiedenartigkeit ernst zu nehmen. Mehr Mut zusprechen als einander Vorwürfe zu machen, ist bei uns genauso »dran« wie bei allen anderen Ehepaaren.

Unsere zwei temperamentvollen Kinder brauchen Liebe und Grenzen, wie eben andere Kinder auch. Sie dürfen uns nicht ganz vereinnahmen, denn wir sind nicht nur Vater und Mutter, sondern auch Mann und Frau.

Wir sind in einer kleinen Hauskreisgemeinde integriert. Da wir auch noch viele Freunde haben, stehen wir manchmal in der Gefahr, zu aktiv zu sein. Das bekommt uns allen auf Dauer schlecht. Wir wissen, daß wir nur dann für andere zur Hilfe werden können, wenn wir genug Zeit für uns als Paar und für unsere Kinder als Familie haben.

Das gelingt nicht immer.

Aber Gott ist mit uns. Und das ist täglich unsere große Kraft und Hilfe. Was er mit uns begann, das wird er auch zum guten Ende führen.

Evi Backmund

Wir waren frisch verheiratet, als wir zu einem Fortbildungswochenende über natürliche Empfängnisregelung nach München zu Dr. Rötzer fuhren.

Wir nahmen dabei eine uns fremde Frau mit, die mit ihrem kleinen Sohn am selben Seminar teilnehmen wollte. Durch die Seminarleitung hatte sie unsere Telefonnummer erfahren und bat nun, mit uns eine Fahrgemeinschaft bilden zu können.

Normalerweise fahre ich sehr ungern Auto. Aber diese jeweils drei Stunden Fahrt von Karlsruhe nach München gingen ungeheuer schnell vorbei. Wir kamen dabei in intensive Gespräche über Themen, die bislang für uns als Ehepaar nie ein Thema gewesen waren: »über Kinder und über Gott«.

Mit Gott hatten wir bislang wenig anfangen können, und die Geburtenplanung interessierte uns hauptsächlich, um keine Kinder zu bekommen.

Da wir kein Benzingeld annehmen wollten, kam zwei Tage später eine Büchersendung an. Der Titel des Buches lautete: »Du in mir«, die Autorin war Ruth Heil.

Da war unser Staunen groß. Wir hatten also eine Buchautorin mitgenommen.

In München war uns bereits aufgefallen, daß viele Teilnehmer unseren Fahrgast kannten und ansprachen.

Vieles, worüber wir während der Autofahrt gesprochen hatten, fanden wir nun in dem geschenkten Buch wieder.

Dreizehn Jahre sind seitdem vergangen. Aus unserer »zufälligen« Begegnung wurde eine liebe Wegbegleitung.

Daß wir heute drei Kinder haben, bringt Ruth immer noch zum Schmunzeln. Damals waren da noch viele

Fragezeichen, ob wir überhaupt uns je dazu entschließen würden.

Was hat diese Begegnung mir persönlich gebracht?

Joyce Landorf hat in ihrem Buch »Seine beharrliche Liebe« (TELOS) eindrücklich festgehalten, daß keine Begegnung zwischen Menschen zufällig ist, und sagt wohlbedacht : »Es freut mich, Sie kennenzulernen . . .«

Aus einer Begegnung mit Ruth kann ich nichts anderes ·sagen, als daß Gott unsere Wege hat kreuzen lassen.

Bei unserer ersten Begegnung war ich schon sehr verwirrt, wie offen und intensiv Ruth über ihren Glauben sprach. An Gott glaubte ich. Bei unserer Hochzeit erfuhr ich bewußt, daß er auch für mich existiert. Mit Jesus konnte ich nichts anfangen. Ich komme aus einem nichtchristlichen Elternhaus.

Nach diesem Kennenlernen blieb ich mit Ruth Heil in Kontakt durch gelegentliche Briefe, Telefonate und einige wenige Besuche. Etwa sechs Jahre begleitete sie mich auf diese Weise. Ich konnte mehr und mehr durch sie von Jesus erfahren. Eines Tages stellte sie mir die entscheidende Frage:

»Jesus hat für dich persönlich sein Leben geopfert.

Hast du ihm dein Leben anvertraut?«

Fast ein Jahr schob ich diese Frage vor mir her. Schließlich sagte ich mir: »Warum eigentlich nicht? Viel kann sich ja nicht mehr ändern.« –

Und doch, was hat sich von diesem Zeitpunkt alles verändert!!

Seit 1986 gehöre ich zu Jesus Christus. Alle Höhen und Tiefen erlebe ich nun unter seinem Schutz.

Unsere beiden älteren Kinder haben durch meine Freude in Gott auch zu ihm gefunden.

Es war nicht so, daß jetzt alle Schwierigkeiten weggeblieben wären. Ich hatte fast den Eindruck, daß, je fester ich im Glauben stand, um so größer manche Anfechtung wurde. In vielen leidvollen Stunden konnte ich mich aber jetzt an Gott wenden.

Zunächst kannte ich Erhörung von Gebeten nur durch Ruth. Sie erzählte mir manchmal, wie Gott ihr persönlich und ihnen als Familie geholfen hatte. Das machte mir Mut, Gott auch um ganz konkrete Dinge zu bitten.

Ein Beispiel aus der Fülle von dem, was wir inzwischen mit Gott erlebt haben:

Unser Hausbau erforderte viel Kraft und natürlich auch viel Geld. Wir fühlten, daß beides am Ende war. Körperlich waren mein Mann und ich völlig ausgelaugt, finanziell waren wir auch sehr knapp dran. In dieser Zeit wurden wir zu einer Osterfreizeit eingeladen. Das Geld dafür hatten wir zwar nicht. Aber ich war voller Zuversicht, es durch andere Geldquellen (Steuererstattung, Einsparung bei Handwerkerrechnungen u.ä.) wiederzubekommen. So hob ich den Betrag von unserem Baukonto ab.

Ich spürte, daß wir als Familie dieses Wochenende unter Gottes Wort nötig hatten. Ein Teil des Beitrags wurde uns sogar erlassen.

In der Zeit nach Ostern lernte ich das Lied kennen: »Vertraut auf den Herrn für immer, denn er ist ein ewiger Fels.« Etwa zehn Wochen nach dieser Freizeit brachte uns eine Freundin einen Briefumschlag vorbei. Unser Name stand darauf. Eine uns eigentlich unbekannte Frau wollte uns damit eine Freude machen. Sie hatte erfahren, daß wir ein Haus bauten, und sich gedacht, daß wir Hilfe brauchen könnten.

Ohne daß irgend jemand von dem Betrag gewußt hatte, den ich zuvor für die Freizeit ausgegeben hatte, war es genau die Summe, die ich abgehoben hatte!

Viele Bibelstellen und Psalmen wurden in Notzeiten zu meinen Lieblingsgebeten (z.B. Jes. 40, 31).

Unser jüngstes Kind wurde schwer krank und mußte operiert werden. Unzählige Stunden brachte ich in Krankenhäusern und bei Ärzten zu. Aber in alledem erfuhren wir so wunderbare Führungen, daß es keine Zufälle mehr sein konnten.

Ich durfte erkennen, daß nicht alles, was passiert, Gottes Wille ist, daß aber dennoch nichts, was geschieht, letztlich Gottes Willen aufhalten kann.

Dieser Tage hat auch mein Mann sein Leben Jesus anvertraut. So dürfen wir nun als Familie unter Gottes Schutz der kommenden Zeit ruhig und getrost entgegensehen.

Mein Wunsch ist es, von dem Licht, das Jesus in mir angezündet hat, an andere weiterzugeben.

Karin Franck

Mein Beruf: Schäferin

Ich habe dich je und je geliebt

Da bin ich also, Mädchen Nr. 7 der Familie Fröhlich. Sobald meine kecke, temperamentvolle Art offenbar wird, werde ich von allen nur noch »Lausbub« oder »Fröhlichs Junge« genannt. Auch die drei Schwestern, die noch nach mir geboren werden, können mir diesen Titel nicht streitig machen.

Zu dieser Zeit wohnten wir noch in Siebenbürgen. Ich war ein glückliches, neugieriges Kind, voller Temperament.

Sechs Jahre war ich alt, als wir nach Deutschland umzogen. Inzwischen waren eine Schwester und mein einziger Bruder gestorben. Der Tod machte mir keine großen Ängste, weil die Eltern mir sagten, daß meine Geschwister jetzt im Himmel seien. Also speicherte ich den Tod als »Tür zum Himmel« und sah ihn als etwas Positives an.

Viel mehr belastete mich das neue Land. Alles war anders. Wir kamen uns wie Außenseiter vor mit neun Töchtern und einer strengen, frommen Erziehung.

Als ich zur Schule kam, entfiel auch noch die Zeit, die ich so gerne mit Vater verbracht hatte. Vater hatte nun geregelte Arbeit, ich hatte eine geregelte Schulzeit, und Vater hatte kaum mehr Zeit. Ich fühlte mich betrogen um meine Heimat, mein Glück und meinen

Vater. Innerlich konnte ich keinen Anschluß finden an das neue Land.

Zu dieser Zeit begann ich, meine Seele zu verstecken. Nach außen hin blieb ich der »Lausbub« wie eh und je.

Aber nach innen begehrte ich auf. Ich begann, mich innerlich dem Leben zu verweigern. Das Nein gegen die veränderten Lebensumstände war wie ein Samenkorn für viele andere Neins:

- Nein, ich will kein Mädchen sein!
- Ich bin stark und mutig, nicht weich und weinerlich.
- In Sachen Mut und Widerstandskraft versuche ich die Jungens auszustechen.
- Nein, ich will keine Fremde sein! – Weil ich nicht genau weiß, wer ich sein will, werde ich zum Einzelkämpfer.
- Nein, ich will nicht wie die Christen sein! Gott ja, aber nicht wie Christen. Sie klagen über die böse Welt und schaffen es nicht, selbst die gute Botschaft zu leben.

Wer ständig kämpft, muß den Feind gut beobachten, um seine Schwachstellen herauszufinden. Innerlich war ich immer auf der Lauer und wußte, wie ich bei jedem ins Schwarze treffen konnte.

Eigene Verletztheit und Zorn über andere ist der beste Nährboden für Terrorismus. Was mich davon abhielt, waren das Wissen um Gott und meine Eltern, die täglich für uns alle beten.

Mein Leben glich einem Dampfkochtopf, und ich fürchtete, daß es mich eines Tages zerreißen würde.

Ich bemühte mich zwar, ein anständiges Leben zu führen, aber wie sollte ich jemals Herr über mich selbst werden?

In der Pubertät zeigte sich, daß ich trotz meines burschikosen Verhaltens doch eine Frau bin. Meine Sexualität erwachte mit Vehemenz, wie vieles andere in meinem Leben.

Ich las und hörte viel über christliche Partnerbeziehung, und doch half mir das alles nicht; denn ich war keine nette, liebe Frau, wie andere sie sich wünschten.

Nach der Mittleren Reife zog ich von zu Hause weg, lernte ein Jahr Haushalt und ging dann für ein weiteres Jahr in die USA.

Inzwischen war ich 17 Jahre alt. Der Drang nach immer Neuem trieb mich voran. Ich wollte alles wissen und verstehen und stopfte mich mit vielen Eindrücken voll. Als ich aus Amerika zurückkam, arbeitete ich für ein Jahr im Altenheim.

Viele Fragen gingen mir durch den Kopf:

– Alt werden, wofür?
– Um was geht es im Leben?

Ich beobachtete das Sterben und Vergehen.

In der anschließenden Ausbildung als Krankenschwester begegnete mir das Leid auch bei jungen Menschen. Ich pflegte Krebskranke, die qualvoll und widerstrebend starben. Dann hatte ich mit Süchtigen zu tun, denen die selbstgewählte Zerstörung den Tod bescherte.

Meine Seele wand sich und wollte sich erneut verstecken.

Der morgendliche Gang ins Krankenhaus war meine Gebetsstrecke. Ich hatte Angst vor dem Leid und vor meiner Hilflosigkeit.

Mein Traumberuf war von jeher »Missionarin« gewesen. Fremde Menschen, andere Länder und die großartige Botschaft von Jesus reizten mich dabei. Krankenschwester sollte das Sprungbrett für dieses Abenteuer sein. Noch viel mehr interessierte mich aber die Arbeit an einer fremden Sprache sowie die Möglichkeit, dabei eine Bibelübersetzung zuwege zu bringen. Bei den Wycliff-Bibelübersetzern erfuhr ich, daß als Voraussetzung dafür eine theologische Ausbildung von mindestens zwei Jahren verlangt wird. Ich meldete mich in Wiedenest auf der Bibelschule an, wurde angenommen und absolvierte eine dreijährige Ausbildung.

Sehr schnell drehte sich hier der Spieß um. Hatte ich mich eigentlich zurüsten wollen, um auf dem Missionsfeld anderen Menschen von Jesus zu erzählen, so lernte nun ich selbst Jesus Christus besser kennen. Ich konnte mich dem Unterricht nicht entziehen. Überall spürte ich, wie der lebendige Gott auf der Suche nach mir war. Und es gab kein Mauseloch zum Verstecken.

Dieser Gott, der sein Volk durch alle Länder und Zeiten begleitet, fing an, mein Herz zu erforschen. Doch versuchte ich, meinem Frausein durch Extravertiertheit zu entrinnen. Nur ja nicht mehr meiner Seele begegnen!

Aber da stand Gott. Er ließ mich nicht weitergehen. Er zwang mich stillzustehen.

Nein, ich wollte keine Gefühle mehr zulassen. Ich wollte keinen Schmerz mehr ertragen!

Doch Gott war hartnäckig. Auf jeder Seite der Bibel sprach er neu mit mir. Ich strengte mich an, gut und anständig zu sein, aber ich konnte mein Herz nicht ändern, meine Leidenschaft nicht zügeln.

Oft saß ich auf meinem Bett, den Kopf in die Hände gelegt und betete: »Herr, meine Wildpferde (und Gedanken) sind wieder durchgebrannt. Fang du sie bitte ein.«

Wir lernten Bibelkunde und Kirchengeschichte und natürlich Missionskunde. Mir wurde deutlich, wie viele Aufforderungen und Aufgaben die Nachfolge Jesu enthält. Ich war verzweifelt, denn ich spürte, daß ich mit Gott nicht in Ordnung war. Das trieb mich ins Gebet: »Herr, erbarme dich! Keine andere Bitte kommt von meinen Lippen.«

In einer Silversternacht begegnete mir Jesus. Nein, er kam nicht mit der Peitsche, um meine heftige Art zu bezwingen. Ganz sanft und ruhig war er da und faßte meine Hand. Er brauchte nicht mit mir zu kämpfen. Ich wußte, seine Liebe würde mich frei machen. Auf die Frage, warum er mir das Ziel nicht zeigte, antwortete mein Schwager, der mit meiner Schwester und mir zusammen eine Gebetsnacht hielt: »Du mußt erst Jesus kennenlernen.«

Mein altes Heimweh brach wieder auf. Wo war Gottes Liebe? Warum bin ich weggerissen worden von der Heimat? An diesem Punkt bin ich emotional die Sechsjährige geblieben. Keine Vernunft half darüber hinweg. Nach langen Monaten stand Gott vor mir mit Psalm 45,11: »Höre, meine Tochter . . . vergiß dein Volk und dein Vaterhaus, denn der König hat Verlangen nach dir!«

Ich wußte, daß jetzt eine Entscheidung fallen mußte. Ich sollte loslassen, um nur für Gott dazusein. Er hatte Verlangen nach mir. Ich wußte, daß meine Antwort den weiteren Verlauf meines Lebens bestimmen würde. Werde ich meine Heimat endgültig verlieren, wenn ich sie vergessen soll? Ich rang mich zu einem JA durch. Als ich es aussprach, war es, als würden meine Fesseln sich lösen. Eine tiefe Dankbarkeit erfüllte mich wegen meiner schönen Kindheit, und ich war frei. Auch von meinem Vater erwartete ich nichts mehr. Und genau das war der Punkt, von dem an wir Freunde werden und tiefe Achtung voreinander haben konnten.

Noch war Gott nicht fertig mit den Aufräumarbeiten. Mein Frausein war mir noch fremd, und ich sah keinen Weg, wie ich jemals als frommer Mensch leben sollte. Mein leidenschaftliches Temperament drückte sich auch in meiner Körperlichkeit aus.

Männer teilte ich in drei Kategorien ein: die einen sind gute Kumpels, die anderen reizen mich intellektuell, und die dritten ziehen mich körperlich an.

Die dritte Gruppe bedeutete eine ständige Versuchung für mich. Ich fürchtete, daß ich als Ledige nicht leben könnte. Da ich innerlich noch nicht ganz heil war, hatte ich kein gesundes Gegengewicht zu meiner Körperlichkeit. In dieser Zeit lernte ich Ruth Heil kennen, als sie drei Tage in Wiedenest war. Aufgrund ihrer temperamentvollen Art kam in mir die Hoffnung auf, daß sie mich mit meinem Wesen verstehen würde. Im Gespräch mit ihr lernte ich vieles über mein Frausein und meine Sexualität. Ich schöpfte Hoffnung und suchte weiter, denn ich wußte, daß es eine Antwort gab.

Monate später besuchte ich eine Frauenstunde, die von einer resoluten Frau gehalten wurde. Ein Satz von ihr schlug bei mir ein: »Allein Gott weiß, was für eine Frau du sein sollst; denn in seinem Ebenbild bist du geschaffen.« Das ist der Schlüssel! Gott allein kennt mich wirklich.

So betete ich: »Himmlischer Vater, vergib mir, daß ich so böse war auf dich. Ich habe alle Menschen gefragt, wer und wie ich sein soll, nur dich nicht, meinen Schöpfer. Ich danke dir, daß du mich als Frau geschaffen hast, und ich bin gespannt, was du in mich hineingelegt hast und was du mit mir vorhast.«

Dieser Prozeß bewirkte, daß die negativen Gefühle verschwanden, um einer gesunden Neugier Platz zu machen.

Ich ließ Ruth Heil teilhaben an meinen Entdeckungen. Meine Briefe waren manchmal sprudelnd vor Begeisterung, ein andermal verzweifelt durch Niederlagen, aber es war erkennbar, daß ich wuchs und eine echte Frau wurde.

Die Bibelschulzeit war beendet. Eigentlich hätte es ja jetzt losgehen können; doch ich merkte, daß eine Sache in meinem Leben noch nicht geklärt war: meine Ungeduld – von vielen als Spontaneität und Temperament bewundert oder auch gefürchtet.

»Herr«, betete ich, »eine Geduldsschule muß her. Bis 30 will ich Geduld lernen. Ich möchte zwei Jahre in die Einsamkeit und Stille gehen, um auf dich zu hören.«

Also lernte ich den Beruf der Schäferin. Ich stand bei Wind und Wetter draußen mit Hunderten von Schafen

und zwei Hunden. Meiner Seele verbot ich, sich zu verstecken, was eine große Panik in mir auslöste. Wie sollte ich leben, wo in mir doch so wenig Raum war? Meine Extravertiertheit hatte mir eine große äußere Freiheit geschaffen. Jetzt, da ich still wurde, wurde ich nicht verstanden. Man bedachte mich mit Spott und Verachtung, prophezeite mir den Wahnsinn. Es tat alles sehr weh.

In meiner Seele tobte fast ununterbrochen ein Kampf, der gar nicht zu dem idyllischen Bild des Schäfers paßte. Ich wußte, daß Gott selbst an mir arbeitete, um zu zerbrechen und Neues zu bauen. Mein Auftrag war jetzt nur, auszuhalten und Gott nicht aus der Schule zu laufen. Die Einsamkeit wurde meine Freundin und gab meiner Seele einen weiten Raum. Niemand mißverstand mich hier oder forderte Rechenschaft über meine Motive. Ich beobachtete die Natur und hörte den Bäumen zu. Meine Schafe schienen menschlich zu sein. Ihr Mißtrauen, ihr Eigensinn und ihre Ängstlichkeit kamen mir sehr bekannt vor.

Wie sollte ich ohne meine Stärke weiterleben? Ich

entdeckte, daß ich diese Kraft zum Überlebenskampf nicht mehr brauchte.

Ich bin scheuer und verwundbarer geworden hier draußen und muß mich erst zurechtfinden mit der Sanftheit und Weichheit, die in mir ist. Meine Seele schmerzt nicht mehr so sehr. Aber für sie wurden diese zwei Jahre des Schäferseins zum Marathonlauf; nun ist sie erschöpft. Meine Körperlichkeit hat ihre Intensität verloren. Jetzt ist ein Gleichgewicht hergestellt. Gott ist mir näher als alle Menschen; denn er war in jeder Einsamkeit und Angst, bei jedem Wetter bei mir. Alles bespreche ich mit ihm. Er wacht über mein Herz und führt mich gute Wege.

In zwei Wochen werde ich 30 sein, und meine Schäferzeit wird zu Ende gehen. Dann werde ich mein Versprechen einlösen: Für sechs Wochen lang will ich in die Stille gehen und herausfinden, was Gott mit mir vorhat. Ich nenne es meine »Flitterwochen mit Gott«. Er liebt mich und wartet auf mich, das hat er mir erneut gesagt, als ich in ein Erdbeben geriet und auf den Tod wartete.

Er hat Leben mit mir vor!

Lis

Ich wurde mißbraucht

Als ich zur Welt kam, waren zwei Geschwister schon vor mir da. Und danach kamen vier weitere dazu. Leider gab es wenig Liebe und Zuneigung in unserer Familie. Oft fragte ich mich: Warum bin ich überhaupt auf dieser Welt?

Dieses innere Defizit versuchte ich durch Leistungen in der Schule und im Sport aufzufüllen. Dadurch bekam ich wenigstens Anerkennung. Später arbeitete ich in einer Bäckerei und war durch meine Tüchtigkeit auch beruflich anerkannt.

Ich merkte nicht, daß ich nur so lange bei anderen beliebt war, wie ich ihrem Willen nachgab und die gewünschte Leistung erbrachte. Als ich meinen Mann kennenlernte, öffnete er mir die Augen dafür. Nun war ich nicht mehr bereit, immer zuzustimmen, wenn man am Arbeitsplatz zusätzliche Leistungen von mir forderte. Leider machte ich sehr schnell die Erfahrung, daß ich damit wieder unter die Bezeichnung »wertlos« fiel. Man war nur an meiner Arbeitskraft interessiert, nicht aber an meinem persönlichen Ergehen.

Wir heirateten, als ich 18 Jahre alt war. Zu Beginn unserer Ehe hatten wir besonders viele Schwierigkeiten im Bereich der Sexualität. Mir war unbegreiflich, warum sich mein Inneres so sehr dagegen sträubte und ich fast jedesmal weinen mußte. Mein Mann war sehr einfühlsam. Er bedrängte mich nicht und übte keinen Zwang auf mich aus. Dies machte es mir noch unverständlicher, warum ich eine innere Abneigung und seelische Schmerzen dabei empfand.

Eigentlich hatten wir beide den tiefen Wunsch, Kinder zu bekommen. Aber dieser Wunsch rührte vieles in meiner Seele auf. Einerseits wünschte ich mir zwar Kinder, andererseits hatte ich große Angst davor, ich könnte eine derart lieblose Mutter werden, wie meine eigene Mutter es war. Würde ich je eine glückliche und frohe Mutter werden können, die die Mutterrolle bejaht? Diese Frage brachte mich innerlich aus dem Gleichgewicht.

An meiner Arbeitsstelle bekam ich Hyperventilationstetanien. Ich war mit den Nerven so fertig, daß mir eine Psychotherapie verordnet wurde. Durch Gespräche wurden mir viele Dinge klar. Ich konnte nun meine Gefühle ordnen, was meine eigene Mutter anging. Und ich lernte begreifen, warum ich mich manchmal in mütterliche Frauen verliebte. Diese Verliebtheitsgefühle irritierten mich, und ich empfand sie als unnormal. Nun begriff ich, daß ich im tiefsten Grunde immer auf der Suche nach meiner Mutter gewesen war. So gab ich als Kind manchmal bei der Lehrerin vor, keine Hausaufgaben zu haben, nur um dadurch von ihr Zuwendung zu erhalten. Ich wünschte mir heimlich, von ihr in den Arm genommen zu werden. Meine guten Leistungen machten mich bei den Lehrern beliebt.

Nachdem ich diese Punkte aufgearbeitet hatte, entschlossen wir uns zu unserem ersten Kind. Sehr bald wurde ich schwanger. Freudestrahlend teilte ich meiner Mutter mit, daß sie nun Großmutter werden würde. Sie reagierte auf meine Frage: »Freust du dich?« nur mit der Gegenfrage: »Bin ich die Mutter oder du?« Dies bewirkte wieder eine neue Verletzung in mir.

Mein Mann und ich erwarteten unser erstes Kind mit großer Freude. Im sechsten Monat setzten vorzeitige Wehen ein. Nun lag ich bis zur Geburt des Kindes im Krankenhaus.

Als unser Kind schließlich zur Welt kam, war es schwer krank.

Ich empfand die Krankheit unseres Kindes als Strafe Gottes dafür, daß ich nicht an ihn glaubte. Gab es diesen Gott, an den ich nicht glaubte, vielleicht doch? In meiner

Kindheit hatte ich ihn kennengelernt als jemanden, der immer mit erhobenem Zeigefinger dastand, um mich zurechtzuweisen. Dieser Gott war mir so fremd. Bevor ich zur Kommunion ging, hatte mir meine Mutter immer meine Sünden auf einen Zettel geschrieben. Es verletzte mich zutiefst, was auf diesem Zettel stand. Mutter hatte für mich kleines Mädchen aufgeschrieben: »Ich habe gelogen, ich habe gestohlen, ich war unkeusch.« Oft wußte ich gar nicht, wann das gewesen sein sollte. Ich schämte mich so sehr. Wenn ich gebeichtet hatte, mußte ich zehnmal das »Vaterunser« beten.

Jahre später fand ich zum Glauben an den lebendigen Gott. Da lernte ich begreifen, was das Gespräch mit einem Menschen, der Gott kennt, der Psychotherapie voraushat. Psychotherapie deckt Vergangenes auf. Aber danach muß man selbst zurechtkommen. Auch Seelsorge deckt auf, aber dann kann man mit der ganzen Not und dem Durcheinander zu Jesus gehen. Und er fängt an, heil zu machen, was an Wunden vorhanden ist.

Viele Verletzungen wurden aufgedeckt. Aber ich lernte zu vergeben. Ich erfuhr Heilung meiner tiefsten Verletzungen, besonders derjeniger, die durch meine Mutter entstanden waren.

Im Vertrauen auf Gott wagten wir es, weitere Kinder zu bekommen. Gott schenkte uns noch ein Mädchen und einen Jungen.

Wir waren etwa 13 Jahre verheiratet, als ein Vorfall im Kindergarten mich völlig durcheinanderbrachte. Wegen einer kleinen Begebenheit unter den Kindergartenkindern regte ich mich ungewöhnlich auf. Ich hatte das Empfinden, meine Kinder vor sexuellem Mißbrauch schützen zu müssen.

Was selbst die Psychologin in den vielen Gesprächen nicht herausgefunden hatte, kam nun mit Wucht in mein Bewußtsein: Ich sah mich plötzlich wieder als fünfjähriges Mädchen auf dem Schoß meines Onkels. Dieser steckte meine Hand in seine Hose und fing an, ganz eigenartig zu schnaufen. Es wurde heiß und klebrig. Dann ließ er mich in Ruhe.

Ein anderes Mal zeigte er mir Pornobilder.

Alles schien mir so unwirklich, und ich hoffte, es sei ein Film oder ein böser Traum, aus dem ich bald erwachen würde. Ich lag im Wohnzimmer auf der Liege vor dem Fernseher. Er spielte an mir herum und befriedigte mich. Ich hatte Angst, der Nachrichtensprecher könne uns sehen. Trotzdem wehrte ich mich nicht.

Diese Begebenheiten hatte ich so sehr verdrängt, daß ich mich nicht einmal daran hatte erinnern können.

Erst jetzt konnte ich begreifen, warum ich eine so starke Abneigung gegen das sexuelle Zusammensein mit meinem Mann hatte, obwohl er so einfühlsam war. Auch wurde mir klar, warum ich ihn ablehnte, wenn er, durch seine Allergie bedingt, schlecht Luft bekam und keuchend atmetete.

Ich hatte mir wegen dieser unerklärlichen Gefühle immer Vorwürfe gemacht.

Viele meiner seltsamen Reaktionen verstand ich jetzt.

Der Onkel hatte mir gesagt, wenn er keine Erleichterung bekäme, würde es ihm weh tun. Da ich aber einfühlsam war, wollte ich ihm keinen Schmerz zufügen. Deshalb ging ich mit ihm in den Keller. Er schaute angeblich nach der Heizung, aber in Wirklichkeit mußte ich ihn befriedigen. Er ließ seinen Samenerguß auf den Boden fallen und putzte ihn mit Lumpen aus der Altkleidersammlung auf. Auch Taschentücher nahm er dafür.

Heute verstehe ich nun, warum ich später beim Kleiderpacken für die Mission regelrechten Ekel empfand, wenn irgendwo ein Fleck zu sehen war.

Und so erklärt es sich, daß ich die Taschentücher meines Mannes nur in einem Handtuch eingewickelt in die Waschmaschine geben konnte.

Ebenso kann ich bis heute keine Milch trinken oder

Naturjoghurt essen, weil ich dabei Ekel empfinde. Als ich damals mißbraucht wurde, hatte ich mir vorgestellt, der Same des Mannes sei etwa dasselbe wie die Milch, die aus der Brust der Frau kommt.

Von meinem fünften bis zum zwölften Lebensjahr hatte mich dieser Onkel mißbraucht. Ich empfand mich als schmutzig, wertlos und leer. Am furchtbarsten war wohl, daß ich mit niemandem darüber sprechen konnte. Denn meine Mutter hatte sowieso keine Gefühle für mich.

Als mir jetzt das ganze Ausmaß des Mißbrauchs bewußt geworden war, sprach ich mit unserem Pfarrer darüber. Er betete mit mir um Heilung. Ich merkte, wie Gott einen Heilungsprozeß in mir begann. Als erstes konnte ich dem Onkel, der inzwischen verstorben war, vergeben. Das führte zu einer großen inneren Freiheit. Plötzlich war ich frei von den zerstörerischen Haßgefühlen.

Nachdem mein Mann und ich eine Fernsehsendung über dieses Thema gesehen hatten, vermochte ich, ihm zu erzählen, was mir damals als Kind widerfahren war. Ich spürte, daß die einst so schwere Last auf meiner Seele immer leichter wurde.

Ein weiterer Heilungsschritt geschah auf einem Eheseminar, das ich mit meinem Mann besuchte. Ich lernte Ruth Heil kennen und konnte mir alle Einzelheiten von der Seele reden.

Monate später nahm ich an einem Fortbildungsseminar zum Thema »Inzest« teil. Eigentlich meinte ich, dieses Thema nun neutral angehen zu können. Ich hatte gedacht, alles überwunden zu haben. Im Verlauf der Referate gingen mir aber neue Zusammenhänge auf. Während ich mich bisher immer noch mitschuldig gefühlt hatte, wurde mir nun erstmals klar, daß ich nicht das »Luder«, die Schuldige, war, sondern einzig und allein das Opfer! Dies war mir bis zu diesem Zeitpunkt nicht bewußt gewesen. Jetzt verstand ich auch, warum ich immer überstark reagierte, wenn ich das Gefühl hatte, in irgendeiner Weise ausgenutzt zu werden. Oder auch, warum ich massiv in Abwehr ging, wenn ich etwas Derartiges bei anderen beobachtete.

An diesem Tag wurde mir klar: Der Onkel war der Täter, ich das Opfer. Er hatte mich zu seiner Befriedigung mißbraucht. Ekel, Schmerz und Wut kamen neu in mir hoch. Ich sprach Ruth Heil nach ihrem Referat an und sagte es ihr.

Noch am selben Tag konnte ich ein Gespräch mit ihr haben. Wir gingen jede einzelne Erinnerung durch und brachten sie zu Jesus. Ich versetzte mich so in die Kindheit, daß aller Ekel neu hochkam. Ich würgte fast bis zum Erbrechen; an meinen Händen hatte ich das Gefühl, als klebe noch der Samen daran. Das alles erlebte ich so stark, daß ich sogar den Geruch des Samens und den Ekel davor wieder spürte. Jetzt verstehe ich auch, warum ich zu Beginn unserer Ehe in der ganzen Wohnung ständig feucht abwischte und mein Mann mich als Reinlichkeitsfanatikerin bezeichnet hatte.

Ruth nahm meine Hände und reinigte sie im Namen Jesu; ich weiß, ich bin jetzt reingewaschen im Blut des Lammes.

Nach diesem Tag fühlte ich mich noch einige Tage körperlich so schwach, als wäre ich frisch operiert aus dem Krankenhaus entlassen. Ja, es war sicher eine große »Operation«. Der ganze Eiterherd wurde entfernt.

Ich staune darüber, wie mein Vater im Himmel in liebevoller Weise Stück um Stück, so wie ich es verkraften konnte, die Dinge ans Licht brachte. Heute kann ich darüber schreiben, ohne daß es mir weh tut.

Ich durfte erfahren: Ich bin Gottes geliebtes Kind, wertvoll und geachtet in seinen Augen. Er hat mir wahrhaftig das Heil gebracht an Leib, Seele und Geist. Jesus, der große Seelsorger, voller Sanftmut und Geduld. Ihm allein gebührt alle Ehre.   *Hanna*

Warum läßt Gott das zu?

Immer wieder stellten wir uns diese Frage. Unser erstes Kind war geboren. Aber mitten in alle Freude hinein fiel der schwere Verdacht einer Leukämie. Für uns alle begannen drei furchtbare Jahre.

Ich hatte früher nicht an Gott geglaubt. Als unser Kind so sehr krank war, fragte mich eine Bekannte: »Willst du das Gesundwerden deines Kindes nicht in Gottes Hand legen?«

Sie schenkte mir eine Spruchkarte mit dem Aufdruck: »Gott liebt uns, nicht weil wir gut sind, sondern weil er gut ist.«

Ich war voller Zweifel. Sollte ich jetzt, wo ich in Not war, zu Gott kommen? Und außerdem, sollte Gott wirklich so gut sein? Weshalb war meine Tochter überhaupt krank geworden? Ich war doch so ein guter Mensch! Oder war es gar die Strafe Gottes dafür, weil ich nicht an ihn glaubte?

Dieses Wort traf mich. Hier ging es nicht um meine Leistung, sondern um Gottes Güte.

Heimlich fing ich zu beten an: »Lieber Gott, mach unser Kind gesund.«

Als das Kind vier Monate alt war, gingen wir zum Taufgespräch. Zwar taten mein Mann und ich es nicht aus Überzeugung, sondern einfach nur, weil »man« das so macht. Aber als unser Gemeindediakon zu beten begann, spürte ich, daß das nichts Heruntergeleiertes war, sondern daß dieser Mann mit Gott redete, wie man mit einem Menschen spricht. Er betete: »Lieber Herr, laß es nur eine Infektion sein. Gib den Eltern die Kraft, alles durchzustehen.«

Ich hatte so etwas noch nie erlebt. Das ging mir nach. Stand ich danach vor dem leeren Bettchen, weil unser Kind wieder im Krankenhaus war, fing ich zu beten an:

»Lieber Gott, mach's wieder gesund.« Wir wußten nie, ob wir es noch einmal nach Hause bekämen.

Meinem Mann sagte ich nichts davon; denn ihm gegenüber hatte ich oft genug bekundet, daß ich nicht an Gott glaubte.

Der Zustand unserer Tochter besserte sich nach und nach. Unser Mädchen war für die Ärzte ein medizinisches Rätsel, das klinische Bild und die Laborwerte paßten nicht zusammen.

Nach zwei Jahren Ungewißheit wurden wir vom Professor zum Gespräch gebeten. Er schlug vor, bei unserem Kind eine Leberpunktion vornehmen zu lassen. Da es zu dieser Zeit schon sieben Knochenmarkspunktionen und zwei Knochenstanzen hinter sich hatte, wollten wir nicht zustimmen. Denn alle diese Untersuchungen hatten keinen Aufschluß über die Krankheit ergeben.

Erst jetzt teilte uns der Professor mit, daß bei einer elektronenmikroskopischen Untersuchung des Knochenmarks festgestellt worden war, daß die Krankheit bösartig sei. Diese Untersuchung war erfolgt, als unser Kind vier Monate alt gewesen war und das Bild eines Schwerkranken gezeigt hatte. Alle darauffolgenden Untersuchungen waren deshalb durchgeführt worden, um den weiteren Verlauf der Krankheit zu verfolgen. Aber für die Ärzte geschah nun das Unfaßbare: Die diagnostizierte Krankheit schritt nicht weiter fort. Alle weiteren Untersuchungen brachten keine Ergebnisse. Die schwere Diagnose »Leukämie« war einfach nicht mehr haltbar.

Mir wurde sofort bewußt, daß gerade mit vier Monaten die Taufe unseres Kindes stattgefunden hatte. Gott hatte das Gebet erhört.

Nach einer weiteren Untersuchung wurde uns bekundet, daß mit 99prozentiger Sicherheit keine bösartige Erkrankung mehr vorliege und unser Kind als geheilt entlassen werden könne.

Der behandelnde Oberarzt bezeichnete die Wende

dieser schweren Krankheit als »Laune der Natur«. In meinem Herzen aber war unendlich große Dankbarkeit gegenüber Gott. Ich wußte, er hatte dieses Wunder bewirkt.

Zu der Frage »Warum läßt Gott das zu?« kann ich nur sagen: Die Krankheit unseres Kindes war der Ruf Gottes an mich. Bei einer Veranstaltung hörte ich Verse aus dem Buch des Propheten Jesaja (Kapitel 43):

»Fürchte dich nicht; denn ich habe dich erlöst, ich habe dich bei deinem Namen gerufen, du bist mein. Wenn du durchs Wasser gehst, bin ich bei dir, und durch Ströme, so werden sie dich nicht überfluten. Wenn du durchs Feuer gehst, wirst du nicht versengt werden, und die Flamme wird dich nicht verbrennen . . . Weil du in meinen Augen teuer und wertvoll bist, und ich dich liebhabe.«

Diese Worte erreichten mein Herz. Ich konnte nachvollziehen, daß Gott ein persönliches Interesse an mir hat.

Gott segnete unsere Familie so reich, daß ein Jahr nach meiner Entscheidung für Jesus auch mein Mann sein Leben Jesus übergab.

Bianca

Frucht für die Ewigkeit

»Meine« Tabea

Durch unser Leben zieht sich der rote Faden der Versorgung Gottes. Immer, wenn besondere Aufgaben oder Anforderungen anstanden, schickte uns Gott, was wir brauchten.

Auf meinem Schreibtisch häuften sich die Einladungen, Vorträge zu halten. Ich hatte große Freude, diese Herausforderung anzunehmen. Aber, wie das oft bei uns Frauen ist, machte ich mir gelegentlich Gedanken, was ich dabei anziehen sollte. Mir fehlten sowohl die Zeit als auch die Möglichkeiten und das Geld, um mich stundenlang nach Kleidung umzusehen.

Eines Tages bekamen wir Besuch von Freunden, die uns wiederum mit ihren Freunden bekannt machen wollten. Wir spürten sehr schnell, daß wir auch mit ihnen durch Jesus Christus verbunden waren.

Durch diese Menschen ließ Gott uns viel Gutes zukommen. Ich mußte manchmal an das Wort denken: »Trachtet zuerst nach dem Reiche Gottes und seiner Gerechtigkeit, so wird euch solches alles zufallen« (Matth. 6, 33).

Was fiel uns alles zu! Ilse schickte mir nun regelmäßig Kleider. Für unsere Kinder und auch mich kamen derart herrliche Stücke ins Haus, daß ich nicht einmal gewußt hätte, wo ich solche Kleidung hätte kaufen können. Ich fühlte mich ausgesprochen wohl darin.

Wie die Tabea der Bibel Kleider nähte und damit Menschen froh machte, so wurde Ilse zu meiner Kleiderversorgerin. Innerlich bewegte es mich immer wieder neu, wie Gott nicht nur Aufgaben gibt, sondern uns bis ins Kleinste hinein versorgt.

Im Sommer erkrankte die noch junge Frau. Zunächst

sah es wie eine harmlose Grippe aus. Aber innerhalb weniger Tage entwickelte sich eine bösartige und schwere Krankheit, die Ilse in den Zustand der Bewußtlosigkeit versetzte.

Operationen folgten, viele Gebete stiegen auf zu Gott, daß er sie heilen möge. Aber sie starb.

Für mich ist das bis heute unbegreiflich. Ich kann nur daran festhalten, daß Gottes Wege höher sind als die unseren und Gottes Gedanken weiser als unsere menschlichen.

Am Grab stand der Ehemann. Vier Kinder haben eine Mutter verloren. Das Kleinste war gerade drei Jahre alt geworden.

Wo bist du, Gott?

Um das Grab aber standen auch Hunderte von Menschen, die um eine Frau trauerten, die ihnen Gutes getan hatte. Ich erfuhr, wem sie alles zur »Tabea« geworden war. Vielen Menschen hatte sie aus der Not heraushelfen dürfen und vielen anderen den Weg zu Jesus Christus weisen.

Es wird der Tag kommen, an dem all unsere Fragen beantwortet sein werden und wir im Lichte Gottes sehen werden, warum manches sich gerade so ereignete.

»Euer Lohn ist groß im Himmel«, denke ich, wenn ich an Ilse denke.

Ruth Heil

»Der Herr hat Großes an mir getan!«

Mit Psalm 126, 3 will ich mein Leben überschreiben, das so chaotisch begonnen hatte.

Ich bin einer dieser bekannten »Unfälle«, die Frauen treffen, wenn sie mit so etwas überhaupt nicht rechnen. Meine Mutter wollte mich nicht. Trotzdem brachte sie mich zur Welt.

Was danach kam, schien mir so furchtbar, daß ich lieber tot sein wollte, als zu leben. Ob meine Mutter sich überfordert fühlte oder nur die gesamten Lebensumstände so mißlich waren? Ich weiß es nicht. In Erinnerung sind mir die Bezeichnungen geblieben, die man mir gab: überflüssig, unbrauchbar, zu nichts nütze. Zu alledem kam noch der sexuelle Mißbrauch durch meine Brüder.

Früh landete ich im Heim und verbrachte zehn Jahre an verschiedenen Stellen. Das Gefühl, ungeliebt zu sein, verdichtete sich. Meine Seele bestand aus einem einzigen, wunden Punkt und gab nur einen einzigen Schrei von sich: »Bitte helft mir doch!«

Bei einer Evangelisation fand ich zu Jesus Christus. Doch niemand begleitete mich danach, und ich sackte wieder in meine alten Muster ab. In Freundschaften suchte ich mein Glück. Nur zu bald entdeckte ich, daß bei meinen Liebhabern keine Liebe, sondern Sex im Vordergrund stand. Trotzdem blieb ich dabei, um wenigstens ein bißchen menschliche Wärme zu spüren. Aber die nachfolgenden Enttäuschungen waren jedesmal um so herber.

Die Sinnlosigkeit meines Lebens umringte mich wie dunkle Gestalten, die mir oft einflüsterten, meinem Leben ein Ende zu setzen. Das versuchte ich auch mehrmals auf verschiedene Weise. Aber immer wieder fand mich jemand »zufällig« – gerade noch rechtzeitig, daß mein äußeres Leben erhalten blieb.

Schließlich wurde ich aus dem Heim entlassen. Wie sehnte ich mich nach einem Menschen, der mir Liebe, Zärtlichkeit und Geborgenheit schenken würde!

Aufgrund des frühen Mißbrauchs durch die Brüder begann ich sehr bald damit, mich selbst zu befriedigen. War es anfänglich einmal am Tag, daß mich dieses »Kribbeln« im Körper überfiel, so nahm es nun beständig zu. Ich wurde davon fast wahnsinnig. So versuchte ich mit Hilfe von Pornos und anderer Literatur, mich abzureagieren, was mich aber immer mehr hineinzog. Ich konnte mich kaum in der Öffentlichkeit bewegen, weil mich Kinoplakate oder Liebespaare auf der Straße so aufreizten, daß ich nach Hause eilen mußte, um mich abzureagieren.

Auch Männer spielten immer wieder eine Rolle. Es war mir einerlei, ob sie verheiratet waren oder eine Freundin hatten. Es ging mir nur darum, diesen ständigen Drang zur Selbstbefriedigung loszuwerden. Aber jedesmal blieb ich noch einsamer zurück.

Schließlich fand ich zum EC, einer christlichen Gruppe, in der ich Jesus mehr und mehr kennenlernte. Aber meine Probleme waren lange noch nicht gelöst. Ich lernte auch einen feinen Mann kennen, der mit mir betete und mich begleitete. Obwohl ich mich dann in ihn verliebte und ihm dies auch sagte, ermutigte er mich immer wieder, nicht »die Flinte ins Korn zu werfen«. »Gott ist lange noch nicht mit dir am Ende, auch wenn du dich selbst schon aufgegeben hast«, ließ er mich wissen.

Immer neu schenkte Gott mir Menschen, die mich ein Stück begleiteten und mir Mut machten.

So fand ich ein Stück Familie bei Ruth Heil. Die Kinder von ihr nahmen mich an wie eine große Schwester. Oft war ich dort zu Besuch, half im Haushalt mit. Aber mit dem inneren Freuen, angenommen zu sein, brach auch eine große Sehnsucht auf, selbst eine Familie zu haben.

Nach langer Wartezeit bekam ich einen Platz in einer Klinik, in der ich eine psychotherapeutische Behandlung durchlief. Für mich war wichtig gewesen, daß Jesus in diesem Haus eine Rolle spielte, denn ohne ihn konnte und wollte ich nicht mehr leben.

Der erste Tag in der Klinik war trotzdem so unangenehm, daß ich fast abgereist wäre. Aber irgendwie wußte ich, daß ich jetzt aushalten müßte.

Woche um Woche zog sich die Therapie hin mit manchen Höhen, aber auch vielen Tiefen. Ich erflehte von Gott, mir innere und äußere Heilung zu schenken. Ich war körperlich und seelisch total erschöpft.

Gott erhörte mich. Nun ging es von Woche zu Woche ein wenig aufwärts. Ich spürte, wie Gott mich von innen heraus erneuerte und aufbaute.

Mein Tischnachbar war ein Mann, von dem ich mich sofort angezogen fühlte. Obwohl er mir gegenüber eher kühl erschien, hatte ich eine tiefe Gewißheit in mir, daß er einmal mein Mann werden würde. Es fiel mir schwer, daß er von Gott nichts wissen wollte. So begann ich, regelmäßig für ihn zu beten. Als er die Klinik verließ, bat ich ihn, mir etwas in mein Erinnerungsbuch zu schreiben. Er wählte das Wort Bonhoeffers aus: »Gott ist so groß, daß ihm das Kleinste nicht zu klein ist.« Da wußte ich, daß Gott schon am Werk war.

Danach wurde ich entlassen, befand mich aber einige Zeit danach schon wieder im Krankenhaus. Mit Verdacht auf eine Salmonellenerkrankung lag ich auf der Isolierstation. Ich fühlte mich auch innerlich isoliert, so richtig allein gelassen. Da bekam ich Besuch. Es war Günter, der Tischnachbar aus der Klinik.

Dies war der Anfang von vielen Besuchen und Gesprächen. Günter wollte mehr von Gott wissen und fand schließlich ganz zum Glauben.

Inzwischen sind wir seit vielen Jahren verheiratet.

Gott hat mir nicht nur einen guten Ehemann geschenkt, sondern auch drei Kinder. Das vierte ist gerade am Werden. Ich kann nur staunen und danken und jubeln: Der Herr hat Großes an mir getan, deshalb bin ich so froh!

Gerlinde

Kindheitsverletzungen und Auswirkungen auf die spätere Ehe

Eine Ehe wird heil

Als ich etwa acht Jahre alt war, gingen meine Eltern durch eine sehr arbeitsintensive Zeit. Deshalb konnten sie sich nicht so sehr um uns Kinder kümmern. Und nur so ist es erklärbar, daß sie nicht wahrnahmen, welchen Einbruch meine Kinderseele erlitt.

Ein Bekannter meiner Eltern besuchte uns des öfteren. Er war bei meinen Eltern beliebt und immer ein willkommener Gast. Aber zu mir hin entwickelte er Züge, die mir als Kind schwer schadeten. Überall im Haus, wenn er meinte, mit mir allein zu sein, lauerte er mir auf. Er zwang mich dann, ihn zu küssen. Da ich keine Ahnung davon hatte, wie das gehen sollte, brachte er es mir auf sehr aufdringliche Weise bei. Schließlich mußte ich seine Genitalien berühren und letztendlich ihn befriedigen. Ich wollte das alles nicht. Es war mir peinlich. Aber ich wußte nicht, wie ich mich wehren sollte. Ich versuchte, mit meinen Eltern zu reden, aber ich hatte keine Worte dafür. Außerdem waren sie zu beschäftigt, als daß sie mir richtig zugehört hätten.

Im Hintergrund stand dazu die große Angst, daß er mich bei den Eltern »verpetzen« würde, wie er es nannte. »Du hast ja genauso viel Spaß wie ich dabei«, redete er mir ein.

Das hielt mich vor einem erneuten Versuch zurück, den Eltern alles zu sagen.

Wenn es abends spät wurde, übernachtete dieser Bekannte bei uns. Ausgerechnet in meinem Zimmer stand ein Bett, das ihm zugewiesen wurde. In meiner Verzweiflung aß ich löffelweise Knoblauch, weil ich wußte, daß dieser Mann den Geruch haßte. Außerdem zog ich mich in ein fensterloses Kämmerchen zurück, das mir eher Angst einflößte, nur, um dem Mann aus dem Weg gehen zu können. Trotzdem gelang es ihm, mich über drei Jahre lang in dieser Weise zu mißbrauchen.

Erst ein Umzug setzte dieser schrecklichen Zeit ein Ende.

Meine Eltern wunderten sich darüber, warum der Bekannte nicht mehr kam. Ich aber war heilfroh darüber. Wahrscheinlich hatte er Angst, daß ich ihn verraten würde.

Im Laufe der späteren Jahre verblaßte dieses Erlebnis immer stärker.

Erst viele Jahre danach stellten sich Schwierigkeiten ein. Ich war inzwischen verheiratet. Aber in unserer Sexualität konnte ich nicht offen und froh reagieren. Ich konnte mich meinem Mann nicht hingeben, obwohl wir es uns beide wünschten. Da war eine innere Sperre, die ich kaum überwinden konnte.

Nach drei Jahren Ehe waren wir beide an einem schlimmen Tiefpunkt. Zwar hatten wir einige Monate zuvor zu Gott gefunden und damit ganz neue Ziele vor Augen; aber unser Problem schien eher noch größer zu werden.

Ich wußte, daß ich diesem bösen Menschen, der mich verführt hatte, vergeben mußte, um innerlich von ihm frei zu werden. Aber die Gefühle von damals holten mich immer wieder ein. Bei einem Gottesdienst anläßlich einer Freizeit wurde der Bibelvers verlesen:

»Der Teufel geht umher wie ein brüllender Löwe und sucht, wen er verschlinge« (1. Petr. 5, 8). Ich bin eigentlich sonst kein sensibler Mensch. Aber dieses Wort packte mich so stark, daß ich aus dem Saal rannte und wie ein Tier zu schreien anfing. Ich fühlte regelrecht, wie Satan mich zu erwürgen drohte. Die Frau des Pastors lief hinter mir her und kam mit mir ins Gespräch.

Ich hatte, außer mit meinem Mann, mit niemandem zuvor über diesen Mißbrauch gesprochen.

In einem weiteren Seelsorgegespräch sprach ich die Verletzung aus und nahm Gottes Heilung an. Ich hatte die Vorstellung, daß nun alles vorüber sei.

Deshalb war ich enttäuscht, als ich merkte, daß in unserer Ehe noch lange nicht alles in Ordnung war. Auf einer weiteren Freizeit erfuhr ich, daß die Seele Zeit brauche, um zu heilen. »Wie dein Arm, der jetzt in Gips ist, Zeit braucht zum Heilen, so geht es auch mit inneren Verletzungen«, erklärte mir Anita Hallemann.

Eine große Hilfe war für mich mein Mann, der sehr rücksichtsvoll mit meinen Gefühlen umging. Aber er litt in dieser Zeit auch viel, weil er sich von mir abgelehnt fühlte. Obwohl ich ihm versicherte, daß meine Blockade gegenüber der Sexualität nichts mit ihm zu tun hatte, fühlte er sich natürlich nicht sonderlich von mir begehrt.

Auch war ich unzufrieden mit ihm, weil er so wenig romantisch mit mir umging; er hingegen bemängelte, daß ich so wenig auf ihn einging. Wir konnten einander nicht schenken, was wir so dringend gebraucht hätten.

Beim Lesen von Ehebüchern wurde mir bewußt, daß Nörgelei und Unzufriedenheit einen Mann vergraulen. Ich entschloß mich, meinem Mann den Stellenwert zu geben, wie ihn Gott für die Ehe bestimmt hat: nämlich die Nummer eins, nach Gott selbst.

Auf einer Frauenfreizeit über das Thema »Sexualität« rührte Gott mich erneut an. Während einer Anbetungszeit spürte ich, wie Gott mir ein neues Kleid gab. Es war, als wäre aller Schmutz abgewaschen und ich an einem Punkt beginnen dürfte, wo es keine negative Vorgeschichte gab. Ich fühlte mich so sauber, so rein, so voller Unschuld. Gott hatte dieses dunkle Kapitel in meinem Leben gefühlsmäßig ausgelöscht.

Als ich wieder zu Hause war, konnte ich erst richtig begreifen, was mit mir geschehen war. Meine Einstellung zu meinem eigenen Körper und zu meinem Mann waren verändert. Ich kann mich richtig an meinem Mann freuen. Gott hat alle Blockaden weggenommen, so daß wir sehr glücklich sind.

Ute

Gott hat die Mathematik erfunden

Ein Brief

Liebe Frau Heil,
sicherlich fragen Sie sich jetzt, wer denn die Schreiberin dieses Briefes sein könnte. Nun, dieses Geheimnis kann ich lüften: Vor einiger Zeit waren Sie als Rednerin zum Frauenfrühstück in Söllingen eingeladen. Vielleicht erinnern Sie sich noch an die schönen mit Weinlaub und Trauben geschmückten Tische ...

Ich war auf jeden Fall zum erstenmal bei einem Frauenfrühstück dabei. Einmal, weil ich als Studentin normalerweise am Donnerstagmorgen keine Zeit habe, zum anderen, weil mich bis jetzt die Themen nicht sonderlich gereizt hatten, und zum dritten bildeten die 7 DM Unkosten ein Handicap.

Dieses Mal hatte ich Semesterferien, eine liebe Freundin hatte mich eingeladen, und die Rednerin hieß Ruth Heil. Ich war wirklich sehr gespannt; denn irgendwie schien ich Sie schon zu kennen, wohl durch Ihre Bücher, die mein Mann und ich gelesen haben.

Zum ersten Mal begegneten Sie mir in Ihrem Buch »Liebe kennt eine Grenze«. Eine Freundin lieh es mir aus, und ich muß sagen, daß ich es innerhalb kurzer Zeit verschlungen hatte. Genau so hatte ich mir eine Freundschaft auch vorgestellt! Allerdings war der junge Mann meines Herzens nicht gläubig. Immer wieder bekam er von mir einen Korb, den ich allerdings gut begründen mußte. Auf diese Weise erzählte ich ihm viel von mir: wie ich Christ wurde in einer ungläubigen Familie, warum das für mich so entscheidend ist, ob er nun Christ sei oder nicht. Er konnte das alles nicht so recht begreifen und wollte seinerseits wissen, ob ich schon etwas von Toleranz gehört hätte, und warum man das, was ich ihm da erzählte, nie im Religionsunterricht zu hören bekäme . . .

Von Jesus hatte er in seiner Kindheit nie etwas vernommen. Er war mit seiner Familie, als er 15 Jahre alt war, aus der ehemaligen DDR ausgereist. Aber auch im Westen kam dieser Jesus nicht weiter im Religionsunterricht vor. Das konnte ich ihm bestätigen. Saß ich doch in der Schule in den meisten Fächern neben ihm. Obwohl ich ihn sehr, sehr gerne mochte, hoffte ich, daß sich unsere Wege nach dem Abitur trennen würden. Er kam zur Bundeswehr. Ich erhoffte mir, daß unsere Gefühle füreinander abkühlen würden. Aber dieser Prozeß fand nicht statt.

Schließlich kaufte er sich das Buch »Liebe kennt eine Grenze«. Obwohl er keine Leseratte wie ich ist, las er es in kurzer Zeit durch. Er fand es gut und veränderte sich in mancher Weise. Doch der Schwebezustand unserer Freundschaft hielt weiter an.

Dann las er ein weiteres Buch von Theo Lehmann und schrieb mir, er habe daraufhin Jesus in sein Herz aufgenommen.

Ich konnte es kaum glauben. Überglücklich las ich seinen Brief immer wieder.

Als wir danach zusammen den langersehnten Ausflug nach München machten, verlobten wir uns.

Meine Eltern waren von unserem Glück gar nicht begeistert. Sie hielten uns für zu jung und zu unerfahren. Sie waren wohl bereit, ein Zusammenleben von uns beiden zu finanzieren; aber einer Hochzeit stimmten sie nicht zu.

Wir beide aber waren uns sicher, daß Gott uns durchhelfen würde.

Da von den Eltern keine Unterstützung mehr fürs Studium kam, ging ich nebenher putzen und arbeitete die ganzen Semesterferien über. Auch Frank ging in seinem Bundeswehrurlaub arbeiten. 1500 DM ersparten wir uns auf diese Weise. So viel durfte die Hochzeit dann auch höchstens kosten, rechneten wir uns aus.

Gott sorgte wunderbar für uns. Die Rechnung ging genau auf. Wieder ein Beweis dafür, daß Gott die Mathematik erfunden haben muß. – Ich bekam für 600 DM ein Brautkleid, das wie maßgeschneidert paßte, obwohl es neu 2400 DM gekostet hatte. – Meine Großeltern schenkten uns die Küche. – Meine gläubige Vermieterin schenkte uns ein gebrauchtes Schlafzimmer. – Meine Schwiegereltern fügten sich in das Unvermeidliche und wollten eine Wohnzimmereinrichtung bezahlen. – Die endlich gefundene Wohnung war eigentlich viel zu teuer für uns. Ohne daß sie davon wußten, beschlossen gute Freunde, uns mit ihrem Zehnten monatlich zu unterstützen. Genau der Betrag, den wir von ihnen bekamen, hatte uns gefehlt.

Noch viele andere Dinge fügte Gott für uns wunderbar zusammen. Wir konnten nur staunen.

Es kamen auch Zeiten der Anfechtung, als nur Absagen bei Bewerbungen kamen. Und statt Urlaub ereignete sich ein schwerer Verkehrsunfall, bei dem wir aber wunderbar bewahrt wurden.

Nach diesem Schock erfuhren wir, daß unsere Miete wieder um 50 DM angehoben werden sollte, wie im Vorjahr schon. Das alles setzte uns ziemlich unter Druck. Wir wollten zwar Gott vertrauen, aber die Tatsachen wollten uns Furcht einflößen.

Da erfuhren wir von einem Maler, der ein Aktmodell suchte.

50 DM pro Stunde, welch eine Verlockung! 50 DM mit »Rumstehen« zu verdienen, schien so viel leichter, als vier Stunden für dasselbe Geld zu putzen. Aber irgendwie fand ich keine Ruhe, auch als wir schon einen festen Termin beim Maler ausgemacht hatten. Ich kannte einfach niemanden, mit dem ich mich hätte objektiv über diese Frage auseinandersetzen können. »Als Christ

kommt so etwas doch überhaupt nicht in Frage«, wäre sicherlich die Antwort gewesen.

Aber unsere Not linderte das auch nicht. In dieser inneren Verfassung kam ich also zum Frauenfrühstück. Die Art und Weise, wie Sie gesprochen haben, hat mir gefallen. Besonders sprach mich der Satz an: »Wir waren zu dieser Zeit sehr arm.« Und danach erzählten Sie von ihrem »Traumbett«. Das brachte mich Ihnen so nahe. So bekam ich Mut, mit Ihnen mein »Malerproblem« durchzusprechen. Als ich Ihnen gegenüber saß und Sie mich so lieb anschauten, obwohl ich noch gar nichts gesagt hatte, fiel es mir schon schwer, die Tränen, die an diesem Tag so locker saßen, zurückzuhalten. Ich wußte, daß Sie mich nicht verurteilen würden, weil ich es gewagt hatte, diesen »Aktgedanken« weiterzudenken. Als ich alles erzählt hatte, fragten Sie mich einfach: »Und wie sieht es in Ihrem Herzen aus?« Bevor Sie mir etwas raten mußten, war mir plötzlich die Antwort vollkommen klar: Es würde keinen Termin mit dem Maler geben. In meinem Herzen war über der ganzen Sache nämlich nur Unruhe und Unfrieden gewesen.

Obwohl nun das Problem gelöst war, fühlte ich mich mit meiner Kraft am Ende. Nach unserem Gebet baten Sie mich, noch ein wenig zu warten. Sie wollten mir ein Buch schenken und etwas hineinschreiben. Natürlich wartete ich noch, aber die Zeit wurde mir lang. Ich hatte das Gefühl, alle würden mich anstarren, weil ich so verheult war. Endlich kamen Sie und nahmen genau das Buch, das ich so gerne gekauft hätte, wäre ich nicht von meinem Geldbeutel überstimmt worden. Sie schrieben mir etwas hinein, umarmten mich auch noch herzlich, wünschten mir die Kraft Jesu und baten mich, ich solle das Buch nur ja schön festhalten. Nach dem Abschied rannte ich schnell nach Hause. Die Tränen flossen, und ich drückte das Buch wie einen Schatz an mich. Zu Hause bog ich vorsichtig das Deckblatt auf, und die Wasserbäche, die gerade erst aufgehört hatten, fingen

gleich wieder an zu rinnen. Da lagen zwei Hundertmark-
scheine! Ich konnte es nicht fassen!

In das Buch »Ich bin ihm begegnet« hatten Sie die
Worte »Weil er lebt, und weil er größer ist« hineinge-
schrieben.

Ja, jetzt konnte ich es wieder fassen. Ich rief gleich
den Maler an und konnte fest bei meinem Entschluß
bleiben, obwohl er mich zu überzeugen versuchte, es
doch wenigstens erst einmal zu probieren. Erleichtert
legte ich den Hörer auf. Ich mußte dann gleich meinem
Mann alles erzählen. Aber ich glaube, er hat im ersten
Moment nicht alles verstanden. Nur das eine begriff er
in meinem Wirrwarr, daß uns eine fremde Frau 200 DM
geschenkt hatte . . .

Gott ist noch lange nicht am Ende. Inzwischen habe
ich weitere Erfahrungen mit ihm gemacht. Ich merke,
daß es nicht immer gleich geschieht, was ich von ihm
erbitte. Aber eines weiß ich jetzt: Er weiß alles, er kann
alles, und er wird uns genau das geben, was wir brauchen.

Ilona Lesch

Tagebuchaufzeichnungen
aus einer Schwangerschaft

2. August

Schon seit vielen Jahren habe ich es aufgegeben, mir ein Kind zu wünschen. »Bei Ihrer Grunderkrankung ist das nicht möglich«, hatten mir verschiedene Ärzte im Laufe von zwanzig Jahren wiederholt versichert.

Inzwischen bin ich über 40 Jahre alt. Mit meinem derzeitigen Freund gehe ich gerade durch eine Beziehungskrise. Eigentlich wollen wir uns trennen. Aber nun ist meine Menstruation ausgeblieben. Sind es schon die beginnenden Wechseljahre? Oder sollte ich nach all den Jahren doch schwanger sein?

Ich habe mir in der Apotheke einen Schwangerschaftstest besorgt. Das Ergebnis ist eindeutig. Schwanger!

Ganz aufgeregt rufe ich meinen Frauenarzt an. Der ist völlig überrascht, aber noch nicht überzeugt.

3. August

Bei meiner Kartenlegerin besorge ich mir einen dringenden Termin. Nachdem sie mir die Karten gelegt hat, fragt sie mich: »Bist du schwanger?« Danach informiert sie mich darüber, was sie voraussehe: »Das Kind wird gesund sein, aber früher als der Geburtstermin es sagt, zur Welt kommen. Im ersten Moment wird alles beängstigend wirken, aber schlußendlich wird sich alles zum Guten wenden.«

5. August

Mein Arzt ruft mich an, um mir mitzuteilen, daß der Test tatsächlich positiv ausgefallen ist.

9. August

Der erste Ultraschall! Aber Dr. Runge findet in der Gebärmutter keine Frucht. Er zweifelt meine Schwangerschaft an. »Es gibt seltene Erkrankungen, bei denen das Schwangerschaftshormon erhöht ist, obwohl keine Schwangerschaft vorliegt«, klärt er mich auf. Er will bei einem anderen Labor einen weiteren Test machen lassen.

Ich bin mir meiner Sache aber ganz sicher. »Diese seltene Krankheit wird in neun Monaten zur Welt kommen«, gebe ich ihm zur Antwort.

Ich vertraue meiner Kartenlegerin voll und ganz.

17. August

Erneut Ultraschall. Wieder findet man keine Frucht. Ich werde über meine Beschwerden gefragt und merke, daß man keine Schwangerschaft vermutet, jedenfalls keine normale.

31. August

Der Labortest war wieder positiv. Beim Ultraschall entdeckt der Arzt einen vitalen Fötus von etwa sieben Wochen. Die Ärzte sind irritiert. Aber mich wundert das alles nicht.

25. September

Ich war wieder bei der Kartenlegerin. Zwar sagt sie mir eine gute Schwangerschaft zu, aber eine vorzeitige Geburt unter schlimmen Bedingungen. Sie sieht mich im Krankenhaus, aber es sollte dann doch alles gut ausgehen.

7. Oktober

War zur Vorsorge. Dr. Runge staunt jedesmal über meine gute körperliche Verfassung. Nur mein Blutdruck ist zu hoch. So werde ich stationär aufgenommen. Wie recht meine Kartenlegerin wieder mal hatte!

6. November

Nach vier Wochen bin ich aus dem Krankenhaus entlassen.

8. November

Der Arzt ruft mich an. »Das Ergebnis der Fruchtwasseruntersuchung ist eingetroffen. Sie ist völlig in Ordnung. Das Geschlecht ist männlich.« Ich bin ganz außer mir.

21. November

Zwar weiß ich nicht, wie es sich anfühlt, ein Kind zu bekommen. Aber die unbekannte Art der Schmerzen lassen mich auf Wehen schließen. Es stellt sich heraus, daß die Probleme von der Grunderkrankung herrühren. Sie belasten mich, aber gefährden nicht unser Kind. Täglich hole ich mir Auskunft bei meiner Kartenlegerin.

10. Dezember

Eine erneute Untersuchung beim Arzt. Körperlich ist zwar alles in Ordnung, aber seelisch geht es mir nicht gut. Die Beziehung zu meinem Freund ist nach wie vor gestört. Eigentlich will ich unser Kind alleine großziehen. Ich muß trotz allem schmunzeln, wenn ich darüber nachdenke, als Single mit 42 Jahren ein Kind großzuziehen.

16. Dezember

Dr. Runge eröffnet mir, daß ich einen Kaiserschnitt bräuchte. Aber das erschreckt mich nicht. Durch meine Kartenlegerin fühle ich mich vorbereitet. Sie hatte eine Operation vorausgesagt.

31. Dezember

Der Arzt sagt aufgrund des Ultraschalls, daß es ein großer Junge sei.

Die Beziehungskrise zu Gerd hält an. Es baut mich aber auf, daß ich mit Karin zusammen hochtrabende, geschäftliche Pläne habe. Ich sehe mich innerlich schon im roten Mercedes Kombi mit Autotelefon. Mein Baby wäre natürlich überall dabei.

2. Februar

Seit ein paar Tagen fühle ich mich körperlich sehr unwohl. Aber der Arzt sieht das nicht als gefährlich an.

11 Uhr

Meine Kartenlegerin ruft mich an und erkundigt sich nach dem Baby.

14 Uhr

Mein Freund Gerd geht zum Dienst.

14.50 Uhr

Ich fühle mich elend. Als ich mich auf die Couch legen will, merke ich, wie eine ungeheure Schwäche über mich kommt. Ich muß meinen Nachbarn Hansjürgen informieren. Er wohnt über uns. Ich weiß, daß er auch in etwa einer halben Stunde aus dem Haus gehen wird. Wir haben ein gutes Verhältnis zueinander. Ich will ihn bitten, mich vorher zum Arzt zu bringen. Beim Gang zum Telefon stürze ich und schlage mit der linken Seite des Gesichts auf. Liegend versuche ich, Hansjürgens Nummer zu wählen. Die Leitung ist besetzt. Mit der letzten Kraft krieche ich hinaus auf den Flur. »So wird er mich hoffentlich finden, wenn er das Haus verlassen will«, denke ich noch. Als ich seinen Namen rufe, hört er mich.

»Lagere meine Beine hoch, und rufe schnell den Krankenwagen«, bitte ich ihn.

In weniger als zehn Minuten ist der Rettungswagen da. Bei mir ist kein Puls mehr zu fühlen, obwohl äußerlich keine Blutung festzustellen ist. Zwar gelte ich als tief bewußtlos. Trotzdem bekomme ich alles mit. Ich höre, was die verschiedenen Menschen miteinander besprechen. Nur äußern kann ich mich nicht.

Ein Kaiserschnitt wird angeordnet und die Kinderklinik »Kohlhof« informiert, damit das zu früh Geborene gleich versorgt werden kann.

abends:

Als ich wach werde, liege ich auf der Intensivstation. Dr. Runge kommt. Er berichtet mir über den Operationsverlauf:

»Im Bauchraum befanden sich etwa 3,5 Liter Blut. Durch den Sturz bedingt, vermutete ich zunächst einen Milzriß. Die Blutung stammte dann aber von dem Endometrioseherd unterhalb der Gebärmutter. Wir mußten die Gebärmutter fast vollständig entfernen, um die Blutung zum Stillstand zu bringen. Sie sind knapp dem Tod entronnen. Ihr kleiner Sohn befindet sich auf dem ›Kohlhof‹ und wird dort versorgt.«

Inzwischen kommt auch Gerd. Er sieht blaß aus. Mittlerweile ist er schon bei unserem Kind gewesen. Er hat ihm den Namen Simon gegeben. Gerd sagt: »Simon ist dort das größte Baby. Er ist neurologisch unauffällig.«

Ich begreife diesen Satz nicht, aber werte ihn positiv.

4. Februar

Gerd bringt mir ein Foto von Simon. Ist das wirklich mein Kind? Ich bin verstört. Dieses Wesen zwischen all den Schläuchen und Kabeln sieht mir doch gar nicht ähnlich.

5. Februar

Dr. Runge eröffnet mir, daß er mit der Kinderklinik telefoniert habe: »Ihr kleiner Sohn hat eine Hirnerweichung. Das EEG zeigt eine sogenannte Null-Linie.«

Ich kann und will das einfach nicht glauben. Ließ Gott mich mit 42 Jahren, entgegen ärztlicher Diagnose, schwanger werden, um mein Kind an Gehirnerweichung dahinsiechen zu lassen?

Gerd ist wieder da. Er pendelt, wenn er frei hat, zwischen Kohlhof und Zweibrücken. Heute teilte er mir mit, was er die ganze Zeit verschwiegen hatte: »Simon bewegt sich nicht.« Gerd ist ganz fertig, ich auch.

Mir fällt meine Kartenlegerin wieder ein. Ich muß ihr ein Foto von Simon zukommen lassen. Sie muß mir die Wahrheit sagen, ohne etwas zu beschönigen. Aber ich weiß, daß ich nicht mehr leben will, falls sie mir nichts Gutes sagt.

Meine Freundin kommt mit guter Nachricht zurück: »Glück und Gesundung wird für Simon kommen«, sagt sie voraus.

Meine Kartenlegerin ist der Halt meines Lebens!

8. Februar

Innerlich fühle ich mich leer und ausgebrannt. Gerd tut mir leid und bräuchte Trost. Aber ich selbst bräuchte auch Zuspruch: ein Kind, das hirntot ist, meine geistig behinderte Mutter, Schmerzen . . .

Hansjürgen, mein Nachbar, besucht mich jeden Tag. Heute hatte er einen Zettel dabei, auf dem ein Spruch aus den Losungen stand:

»Simon Petrus antwortete: »Herr, wohin sollen wir gehen? Du hast Worte des ewigen Lebens« (Joh. 6, 68).

Ich weiß zwar nicht, was »Losungen« sind, aber ich spüre, daß dieser Vers ganz allein für mich und meinen Simon ist.

Täglich telefoniere ich mit meiner Kartenlegerin, um mir Halt zu holen.

9. Februar

Simon ist genau eine Woche alt. Heute soll ich mein Kind zum ersten Mal sehen. Mir graut davor, und gleichzeitig zieht es mich in die Klinik. Gerd und ich waren zu traurig, um sprechen zu können.

Kinderklinik: Kittel, Desinfektion, sechs Brutkästen im Halbkreis, Schläuche, Apparate, grelles Licht, Ärzte und Schwestern.

Ein Arzt begleitet uns zum Bettchen. Simon sieht aus, als schliefe er. Der Arzt fragt nach, ob sie die Maschinen abstellen dürften, sobald er aufhörte zu atmen. »Ihr Kind hat sowieso keine Hirnströme«, informiert er uns. »Bitte, stellen Sie die Apparate noch nicht ab«, bettle ich. »Lassen Sie ihm noch ein wenig Zeit, eigentlich wäre er ja noch nicht einmal geboren.«

Endlich sind wir mit unserem Kind allein. Ich berühre es, ich streichle es, ich spreche mit ihm. Da bemerke ich, wie Simon seinen Fuß bewegt!

11. Februar

Eine Frau Dr. Buchwald macht uns darauf aufmerksam, daß Simon Reflexe zeigt. »Er kann nicht hirntot sein«, stellt sie fest.

Simon bewegt erstmals seine Hand.

12. Februar

Pfarrer Fischer nimmt bei Simon eine Nottaufe vor. Wie anders hatte ich mir die Taufe meines einzigen Kindes vorgestellt!

14. Februar

Täglich lese ich jetzt in den Losungen, die Hansjürgen mir mitbrachte. Ich verstehe nicht alles, aber es tröstet mich.

15. Februar

Ich halte mein Kind erstmals im Arm. Fühle keine überströmende Mutterliebe, sondern eher Angst.

Täglich telefoniere ich mit der Kartenlegerin. Sie sagt mir, die Karten stehen weiterhin gut.

19. Februar

Simon ist aus dem Brutkasten heraus und liegt im Wärmebettchen. Ich kann mich nicht richtig freuen. Essen ekelt mich, lieber möchte ich sterben als leben.

Abends schlafe ich früh ein oder versuche, meinen Schmerz mit Alkohol zu betäuben.

Aus »Bild der Frau« lasse ich mir von einem Astrologen ein Horoskop für Simon erstellen. Aber es hilft mir nicht weiter.

Von einer Bekannten lasse ich mir ein weiteres Horoskop erstellen. Aber auch das beruhigt mich nicht.

Meine eigene Kartenlegerin strapaziere ich durch meine ständigen Ängste und Anrufe.

Mittendrin sitze ich stundenlang mit meinem Nachbarn Hansjürgen in der Küche und diskutiere über Gott.

»Warum tut er mir das an? Warum läßt er das alles zu? Wie kann er ein Gott der Liebe sein, wenn mir solches geschieht?« frage ich ihn.

Die Prognose für Simon ist weiterhin katastrophal. Die Schwestern schauen mich schon mitleidig an, zumindest empfinde ich das so. – Ein Arzt eröffnet mir, daß er nichts Genaues wisse. Doch eines stehe mit 99,9prozentiger Sicherheit fest: »Sie werden nie ein Kind haben, das durch den Garten hüpft.« Ich bin wie betäubt.

Ich telefoniere fast jeden Tag mit meiner Kartenlegerin, trinke viel Alkohol und hadere mit Gott und meinem Leben. Was hatte ich schon? Ein schwerstbehindertes Kind, eine kranke Mutter und keinen Vater mehr. Dazu kaum jemanden, der mich versteht, und außerdem geht es mir körperlich schlecht.

Palmsonntag, 27. März 1994

Endlich holen wir Simon heim. Er wiegt 5030 Gramm. Aber ich kann mich kaum an diesem Kind freuen, dauernd höre ich in mir die Worte der Ärzte. Ständig analysiere ich Simons Gesicht und Bewegungen. Gerd hat die bessere Einstellung von uns beiden. Er sagt, daß er sein Kind liebhat, egal was es hat oder nicht hat.

Ich komme mit mir nicht klar.

April

Hansjürgen schleppt mich zu einer Ruth Heil. Er meint, ich müsse sie unbedingt kennenlernen. Ich habe den Eindruck, er kann sich mein Lamentieren nicht mehr anhören. Ruth Heil ist Seelsorgerin; sie haben elf Kinder. Ich habe keine Ahnung, warum Hansjürgen mich dorthin bringt. Aber ich bin dankbar, daß ich diese Frau kennenlernen darf. Ich spüre zum ersten Mal seit der Geburt wieder Trost. Wir sprechen lange miteinander. Dann sagt sie: »Laß uns beten!« Sie betete, und ich weinte. Plötzlich stand sie auf und kniete vor Simon, hielt ihre Hände über ihn und betete ganz innig. Ich konnte nur noch weinen.

Sie fragte mich, ob ich ein Kind Gottes werden wollte. – Heute weiß ich, daß sie zu jenem Zeitpunkt keine Ahnung hatte, in welchen okkulten Dingen ich steckte. – Ich war mir nicht ganz klar, was sie damit meinte, aber ich wollte auf jeden Fall alles haben, was mir guttun würde. Wir beteten noch einmal, und erstaunlicherweise ging es mir danach besser. Auf der Heimfahrt konnte ich kaum sprechen, so bewegt war ich in meinem Herzen.

Juli

Ich brauche Abwechslung und fahre ganz ungeplant nach Kandern, wo Hansjürgen bei einem Kinderlager mithilft. Als ich dort mit meinem kleinen Simon ankomme, werde ich mit den Worten empfangen: »Welch eine Bereicherung für uns!« Ich fühlte mich wohl. Es wurde gebetet und kindergerechte Geschichten vorgetragen, ich war angetan von dem Umgangston. Obwohl ich nur 24 Stunden da war, fühlte ich, daß ich Kraft getankt hatte. Auf der Heimfahrt muß ich viel über Gott nachdenken. Aber ich mag ihn trotzdem nicht leiden, denn er läßt diesen Schmerz in meinem Leben zu.

Weiterhin ist meine Kartenlegerin meine einzige Verbindung zur Zukunft. Mittlerweile freut sich sogar Gerd schon über die Aussagen von ihr. Ich habe das Gefühl, daß auch er anfängt, an ihre Voraussagen zu glauben. Denn weiterhin hat Simon den Glücksboten um sich liegen. Sie sieht zwar einen Krankenhausaufenthalt, aber nichts Schlimmes.

Durch die Kartenlegerin lernte ich einen Mann aus Hannover kennen. Er übermittelt per Telefon Strahlungen und Kräfte, die Simon heilen und meine Seele gesunden lassen, sagt er. Er ruft mehrmals an, immer zu einer bestimmten Uhrzeit, weil da die Kraft am größten ist. Mir ist alles egal, – Hauptsache, es geht uns mal besser. Er versichert mir auch, daß, wenn ich mich seinem Kreis anschließe, Simon ganz gesund werden würde. Ich gehe zu einem dieser Treffen und lerne die Lehre Bruno Grönings kennen. Da ich mich ihm nicht anschließe, beschuldigt er mich dafür, wenn mein Kind nicht gesunde.

Mittwoch, den 24. August 1994

Gerd und ich gehen gemeinsam mit Simon zum Kinderarzt. Ein EEG soll erstellt werden, da im Klinikbericht etwas von Krampfbereitschaft stand. Das EEG ergibt Krampfaktivitäten, die sofort behandelt werden müssen.

Donnerstag, den 25. August 1994

Simon muß stationär in die Uniklinik Homburg. Ich bleibe als Begleitperson bei ihm. Es geht mir schlecht. Ich habe plötzlich den Gedanken, in der Bibel im Buch Hiob zu lesen. Ich mache Hiob zu meinem Freund.

Simon krampft. Die Krämpfe nehmen zu. Immer wieder stehen Ärzte und Schwestern um sein Bettchen. Es ist so furchtbar.

Man versucht, die Krämpfe durch Beruhigungszäpfchen zu unterbrechen. Da er sie häufig bekommt, ist er meistens benommen. Plötzlich heißt es, daß genau diese Zäpfchen andere Krämpfe auslösen. Es wird wieder etwas anderes ausprobiert. Ich drehe durch. Simon krampft. Ich bin so ausgelaugt, daß ich manches Mal ohne jede Gefühlsregung danebenstehe.

Donnerstag, den 1. September 1994

Ruth Heil ruft mich im Krankenhaus an, sie betet für uns. Ich lese viel in der Bibel, Hiob natürlich. Oft gehe ich in die Kapelle im Klinikgelände. Jedesmal, wenn Simon wieder krampft, glaube ich nicht, daß es einen Gott gibt, der helfen kann. Wo sollte dieser herrliche Gott sein, der alle Tränen abwischt?

Meine einzige Hoffnung ist meine Kartenlegerin. Sie sagt weiterhin, es gehe alles gut aus.

Mittwoch, den 7. September 1994

Gerd hat die ganzen Tage bei Simon im Krankenhaus geschlafen. Ich fühle mich etwas besser. Simon krampft weiterhin. Die Medikamente wirken nicht. Der Tag, an dem Kortison gegeben werden muß, weil nichts anderes mehr hilft, rückt immer näher. Alle machen uns angst wegen der Nebenwirkungen. Ich lese Hiob, er ist mein Freund.

Donnerstag, den 8. September 1994

Pfarrer Gottfried Steffens besucht mich. Er betet mit Simon. Ich fühle mich besser.

Simon krampft öfter und länger als je zuvor. Ich bin verzweifelt. Wo ist dieser Gott, der Gebete erhört, wenn man ihn durch seinen Sohn Jesus Christus bittet?

Freitag, den 9. September 1994

Gerds Geburtstag. Ein trauriger Tag. Aber es freut mich, daß er mittlerweile eine ganz innige Beziehung zu Simon hat und bereitwillig mithilft.

Wir fangen an, unser gemeinsames Leid auch als solches zu teilen.

Hatte heute Besuch von Frau Roth. Sie kam durch die Vermittlung von Pfarrer Steffens. Wir haben uns sehr intensiv unterhalten. Aber sie zerstörte meinen einzigen Halt, den ich bis dahin hatte. Sie bestand darauf, daß Kartenlegen vor Gott eine Sünde sei. Ich wollte das nicht glauben, denn Weissagen ist so alt wie die Menschheit. Das konnte doch nicht schlimm vor Gott sein. Aber sie bestand darauf.

Abends sprach ich mit Hansjürgen. Er zeigte mir die Bibelstellen. Ich las sie und war entsetzt.

Von einer Sekunde zur anderen wurde mir mein Halt genommen: meine Kartenlegerin!

Als ich mit dem Lesen fertig war, wußte ich genau, daß ich mir nicht mehr die Karten legen lassen würde. Aber innerlich war ich mir nicht so sicher, daß ich es durchhalten würde.

Dienstag, den 13. September 1994

Wir waren beim Augenarzt. Ob Simon überhaupt sehen kann, steht nicht fest. Der Sehnerv ist jedenfalls nur schwach durchblutet.

Mittwoch, den 14. September 1994

EEG schlecht. Ich fühle mich elend. Simon krampft zwar weiter, aber die Krämpfe sind kürzer. Kortison ist unumgänglich. Nun wünsche ich mir sogar, daß man es anfängt, damit das Krampfen endlich aufhört.

Donnerstag, den 15. September 1994

Durch ein Buch von Ludwig Katzenmaier erkenne ich, wie viele Greueltaten ich in Gottes Augen schon hinter mir habe. Meine Liste ist lang:

Gläser schieben, Tische rücken, Handlinien lesen, Horoskope etc. Ich besorge mir seine Telefonnummer. Er ist gerade von einer Reise zurückgekehrt und muß am nächsten Tag schon wieder wegfahren.

Als ich ihm meine Situation schildere, bittet er mich, noch am selben Tag zu ihm zu kommen, um ein Lossagegebet mit mir zu sprechen.

Sonntag, den 18. September 1994

Heute sollte Simons Segnung in der Kirche sein. Leider mußten wir absagen. Jakobus 5, 14 beschäftigt mich. Ich lese mehr in der Bibel. Simon krampft immer noch. Aber die Krämpfe sind kürzer. Ist das der Anfang der Heilung?

Mittwoch, den 21. September 1994

Simon krampft noch weniger, obwohl sein Medikamentenspiegel gesunken ist. Ist Gott am Wirken?

Donnerstag, den 22. September 1994

Simon krampft heute siebenmal und überhaupt nicht abgeschwächt. Ich bin kurz vor einem Nervenzusammenbruch. Gerd überredet mich, mit ihm nach Hause zu fahren.

Freitag, den 23. September 1994

Simon krampft öfter und länger. Er weint nun richtig jämmerlich, wenn er krampft. Weshalb müssen wir durch dieses Jammertal, was will Gott uns denn noch zeigen? Ich hadere mit Gott.

Fahre zwischendurch zur Kartenlegerin und sage ihr, daß ich mir nicht mehr die Karten legen lasse.

Simon fängt an, interessierter in die Welt zu gucken.

Mittwoch, den 28. September 1994

Ab heute bekommt Simon Kortison. Ich bin fast froh. Aber ich habe auch fürchterliche Angst. Zudem wurde uns gesagt, daß eine Kortisonkur Monate dauert. Man hatte schon Kinder, die bis zu einem Jahr in der Klinik bleiben mußten.

Das einzige, was mich hält, ist die Bibel. Ich lese mich quer durch. Wenn Hansjürgen kommt, löchere ich ihn fast mit Fragen. Ich rede viel mit Gott und Jesus. Ich bete anders: inniger, glaubender, aber auch verzagter.

Montag, den 3. Oktober 1994

Heute war es nur noch ein Anflug eines Krampfes.

Sonntag, den 9. Oktober 1994

Simon krampft nicht mehr. Aber es geht ihm nicht so gut. Das Kortison macht ihm quengelig.

Mittwoch, den 12. Oktober 1994

EEG-Befund sehr gut. Simon ist viel wacher als vorher. Er gibt oft lustige Töne von sich. Wenn er niest, hört man ihn fast auf der ganzen Station. Langsam schöpfe ich neue Hoffnung.

Sonntag, den 16. Oktober 1994

Ich bete viel und beschäftige mich mit der Bibel. Aber immer noch ist die verzweifelte Frage in mir: »Wird Simon ganz gesund werden?« Die Zeit des Kartenlegens war entschieden einfacher.

Freitag, den 28. Oktober 1994

Zwei Ärzte sagen mir unabhängig voneinander, daß Simon ihnen Rätsel aufgibt. Das tut mir gut. Leider hat er durch das Kortison eine zu schnelle Herzfrequenz und einen hohen Blutdruck. Was mußte dieses Kind schon alles über sich ergehen lassen!

Montag, den 31. Oktober 1994

Gerd und ich waren mit Simon beim EEG. Anschließend gingen wir spazieren. Simon hat so toll aus dem Kinderwagen geschaut, daß wir andächtig stehengeblieben sind.

Samstag, den 5. November 1994

Wir waren mit Hansjürgen bei Ruth und Hans-Joachim Heil. Er hält es für gut, gemäß Jakobus 5 mit Simon zu beten, ihn zu salben und ihm die Hände aufzulegen.

Sonntag, den 6. November 1994

Simon hat eine schöne Babyhaltung, er ist weicher als früher. Ich danke Gott, daß er wirkt. Langsam lerne ich, die Dinge ihm zu überlassen, und ihn zu bitten, mir den richtigen Weg zu zeigen. Ich bin nicht mehr so ungeduldig. Es fällt mir leichter, ruhig zu bleiben und vieles, wenn auch nur in Gedanken, an Gott abzugeben.

Allmählich verstehe ich, was es mit dem Heiligen Geist auf sich hat. Denn oftmals weiß ich plötzlich, was gut oder richtig für mich ist.

Montag, den 7. November 1994

Simon zittert, und sein Beinchen wackelt auch wieder. Verschiedene Ärzte beraten darüber. Sie kommen zu dem Ergebnis, daß dies kein Krampfen sei, sondern ein natürlicher Prozeß, der bei jedem Menschen auch einmal im Schlaf auftreten kann.

Dr. Konrad weist jedoch darauf hin: »Sie wissen ja so gut wie ich, daß das Krampfen jederzeit wieder einsetzen kann.« Erneut gerate ich in Panik.

Abends lese ich in der Losung: »Ich, ich bin euer Tröster. Wer bist du denn, daß du dich vor Menschen gefürchtet hast, die doch sterben?« (Jes. 51, 12).

Ich staune, wie gut Gott meine ganz persönliche Situation kennt. Wir brauchen keine Angst zu haben vor dem, was uns Dr. Konrad sagt.

Montag, den 14. November 1994

Der schlimmste Tag seit Wochen. Dr. Konrad ruft an, um sicherzustellen, daß wir kommen würden. Simon soll heute überraschend zur Kernspintomographie. Ein anderes Kind ist ausgefallen. Ich habe Angst vor der Untersuchung, aber da ich schon vor längerer Zeit mit Fr. Dr. Omlor darüber gesprochen hatte und sie die Untersuchung als erforderlich ansieht, lasse ich sie durchführen. Simon muß sediert werden. Er schläft. Doch als er in die Röhre geschoben wird, wird er wach. Nun muß Gerd ihm sein Fläschchen holen. Doch auch das beruhigt ihn nicht. Simon bekommt noch einmal ein Medikament zum Ruhigstellen.

Ständig muß Dr. Häffner dabeisein. Simon könnte nämlich wegen der Ruhigstellung einen Atemstillstand bekommen.

Ich bete andauernd. Ich bitte Gott, daß uns die Ärzte mit erstaunten Gesichtern gegenübertreten und uns mitteilen, daß sie nichts Gravierendes feststellen können. Aber Gott erhört meine Gebete nicht.

Dr. Häffner kommt mit einem Gesichtsausdruck, den ich schon zur Genüge kenne: »Die Hirnkammern sind vergrößert. Aber dies ist nicht bedingt durch Flüssigkeit. Es deutet nichts auf einen Wasserkopf hin. Die Radiologen werden die Schichtaufnahmen noch auswerten. Dann kann ich Ihnen Genaueres sagen.«

Gott hat meine Gebete nicht erhört. Warum immer nur Negatives? Ich ertrage das nicht mehr. Diese drei Stunden haben mich wieder um Monate zurückgeworfen.

Ich bin zu traurig, um zu sprechen. Dieser Gott, der mich trägt, wann wird er endlich aktiv?

Jesus hat doch gesagt, wer den Vater in seinem Namen bittet, wird erhört. Wie oft soll ich denn noch in seinem Namen bitten?

Ich merke, daß mich einer versucht. Der Gedanke, daß es leicht wäre, sich eine positive Antwort einzuholen, läßt mich nicht los. Es wäre einfach, meine Kartenlegerin anzurufen, um mir die Karten legen zu lassen.

Aber ich beschließe zu widerstehen. Als wir nach

Hause kommen, ist die Stimme meiner Kartenlegerin auf dem Anrufbeantworter.

Ich rufe sie nicht zurück. Die Zeit mit den Karten war einfacher. Trotzdem sehne ich mich nicht danach zurück. Ich sehne mich danach, von Gott zu erfahren, daß er der Gott ist, der Wunder tut.

Dienstag, den 15. November 1994

Simon bekommt weniger Luminal und schläft weniger. Er lächelt mich ein bißchen an. Er erzählt mit mir. Wieder einmal habe ich beschlossen, bei Gott meine Angst abzulegen. Ich will Gott darum bitten, daß mein Glaube gestärkt wird.

Diese Geschichte ist erst der Anfang von dem, was Gott mit mir, mit dem kleinen Simon und mit Gerd vorhat.

Ich weiß, daß ich niemandem gehören will als nur dem Gott, der mich errettet hat aus der Macht der Finsternis und mich hineinversetzt hat in sein Licht.

Christa Joschko

Eine mongoloide Schwester wird zum Segen

Eine Krankheit wird zur Lebensschule
Trisomie 21

Meine Schwester Susanne, von allen nur Sanni genannt, ist geistig behindert – sie leidet an Trisomie 21, besser bekannt als »Mongolismus«. Eigentlich wäre sie schon lange tot. Sie überlebte das Jahr 1944 und die Euthanasie der Nazi-Zeit nur deshalb, weil sie in einem Krankenhaus von Nonnen versorgt wurde.

Diese mutigen Frauen ließen die NS-Todeskommandos nicht über ihre Schwelle. So wurde Sanni nicht wie Hunderttausende andere als »unwertes Leben« vergast, sondern freute sich weiter ihres Lebens. Die meisten Menschen mit dieser Krankheit sind lebensfroh, musikalisch und überaus liebesbedürftig. Sie selbst haben keine Hemmschwelle, auf andere zuzugehen, um sie zu umarmen. In meinem Hausbibelkreis berichtete mir eine Teilnehmerin, sie habe sich zuerst vor Sanni geekelt. Dann sei ihr aber klargeworden, daß Jesus sich gerade behinderten Menschen liebevoll zuwenden will. Daraufhin habe sie sich sehr geschämt und heute eine ganz andere Einstellung zu Susanne.

Bis vor zehn Jahren lebte Sanni bei meinen Eltern. Diese starben dann innerhalb eines Jahres. Am Beerdigungstag meiner Mutter hatten wir den Eindruck, daß Sanni gar nicht begreifen konnte, was mit meiner Mutter geschehen war. Sie dachte wahrscheinlich, die Mutter sei gerade verreist, und war fröhlich wie immer.

Meine Schwester Sanni steht geistig auf der Stufe einer Zweijährigen. Sie kann weder sprechen noch schreiben, und sogar beim Waschen und Anziehen braucht sie Hilfe. Das Empfinden für Zeit geht ihr völlig ab.

Nach der Beerdigung saßen wir im großen Familienkreis zusammen und schauten uns Fotoalben an, die mein Mann anläßlich der Goldenen Hochzeit meiner Eltern zusammengestellt hatte. Eine Tante zeigte auf ein Bild meiner Mutter und sagte zu Sanni: »Deine Mutter kommt nun nie mehr wieder.« Daraufhin fing Sanni schrecklich an zu weinen. Wir konnten sie nicht beruhigen und waren ratlos. Erst als wir miteinander beteten, machte mir Gott deutlich, wie ich meiner Schwester helfen konnte. Ich nahm sie in die Arme und sagte: »Unsere Mutter ist jetzt bei Jesus, und wir werden auch bald da sein – dann sehen wir uns wieder!« Fast schlagartig hörte sie auf zu weinen und zeigte nie wieder eine solche Reaktion.

Meiner Mutter hatte ich schon viele Jahre zuvor versprochen, daß ich, falls ihr »etwas zustoßen« würde, Sanni in meine Familie aufnehmen würde. Als meine Mutter älter wurde, reagierte sie immer verbitterter auf

die Lieblosigkeit ihrer Umgebung. Einmal sagte sie: »Früher wurden behinderte Kinder einfach ausgesetzt. Heute macht man das mit ihren Müttern auf psychische Art und Weise!« Was sie damit ausdrücken wollte, wurde mir schmerzhaft bewußt, als ich Sanni nach dem Tod meiner Mutter allein betreute. In den öffentlichen Verkehrsmitteln zeigten Kinder mit dem Finger auf sie und lachten. Auch Erwachsene drückten ihr Mißfallen aus, z.B. riefen junge Männer ihr nach: »Die hat man wohl vergessen zu vergasen!« und spuckten vor uns auf die Straße.

Ich fühlte mich total überfordert, denn ich erfuhr auch von Christen keine Hilfe.

Dann zerbrach auch noch meine Ehe. Sie war allerdings zuvor schon sehr problematisch gewesen.

Als schließlich meine herangewachsenen Kinder das Elternhaus verließen, fühlte ich mich völlig allein gelassen. Die »Last Sanni« wurde so groß, daß ich Kontakt aufnahm zu einer Behinderten-Wohnstätte der »Lebenshilfe für geistig Behinderte e.V.«, um Sanni dort unterzubringen.

Aber dann passierte etwas, das mein »Problem Sanni« radikal veränderte:

Mit Sanni saß ich in der U-Bahn, als plötzlich ein junger Mann vor mir stand. Er strahlte mich an und sagte nur den einen Satz: »Das, was du da tust, ist Leben!«

Haben Sie schon einmal einen Menschen so etwas sagen hören? Er wiederholte den Satz mehrere Male, als wollte er ihn mir einprägen. Und ich saß staunend da und bewegte ihn in meinem Herzen, wo er viele Wunden heilte.

Dann drehte sich der junge Mann um und verschwand. Vielleicht war da seine Haltestelle – vielleicht auch nicht?

Seitdem wußte ich, daß Sanni zu mir gehört. Sie blieb natürlich bei mir, und ich habe nie mehr den Wunsch gehabt, sie »loszuwerden«!

Sie ist sozusagen »eine meiner leichtesten Übungen«, wie meine Kinder es auszudrücken pflegen.

Erst durch meine Schwester ist mir im Grunde deutlich geworden, was Glaube bedeutet: Jesus begegnet uns gerade im Leid, um uns zu zeigen, daß wir nicht alleine sind. Wir können uns an seiner Hand festhalten.

Immer hatte ich mir eine »normale« Schwester gewünscht, mit der ich meine Probleme besprechen und Freud und Leid teilen könnte. Aber es ist Sanni, die mir gezeigt hat, was erfülltes Leben eigentlich bedeutet.

Ich werde öfter eingeladen zu Tagungen und Seminaren, um über das Thema »Euthanasie« zu sprechen. Die Zuhörer sagen mir hinterher oft, daß sie mehr als durch meine Worte davon beeindruckt waren, wie ich mit Sanni umgehe. Sanni sitzt nämlich immer mit am »Redner-Tisch« und genießt es, von allen gesehen zu werden!

Rosemarie Exner

»Ansteckend«

Ein Kind lernt sprechen

 Eigentlich fühlte ich mich voll ausgelastet. Ich arbeitete als »Managerin« im Baugeschäft meines Mannes, plante und rechnete mit ihm und fühlte mich voll gebraucht. Unsere beiden Kinder wuchsen mittendrin auf. Ich habe das Glück, daß meine Mutter nur einige Häuser neben unserem Betrieb wohnt. So waren wir alle gut versorgt.

Doch dann wurde ein Wunsch in mir geweckt, der durch unsere Kinder noch verstärkt wurde. Meine Schwägerin erwartete ein Kind. Als Nicole geboren war, stand ich am Bettchen des kleinen Mädchens und spürte eine tiefe Sehnsucht. Und unser Sohn bettelte: »Könnte ich nicht auch noch ein Schwesterchen haben?«

Mit der natürlichen Empfängnisregelung waren wir bislang bei unserer Kinderplanung gut zurechtgekommen. Sie gehörte wie selbstverständlich zu meinem Leben. Aber bei diesem Zyklus funktionierte sie nicht. Meine tiefsten Wünsche hatten meinen Verstand überlistet.

Bereits nach zwei bis drei Tagen war ich ziemlich sicher, daß ich schwanger war. Diese »Zeichen« kannte ich von den beiden anderen Schwangerschaften. Nach zwei Wochen suchte ich meinen Frauenarzt auf. Der schickte mich nach Hause mit dem eindeutigen Ergebnis, daß der Test negativ ausgefallen sei. Aber er räumte ein, daß der Zeitpunkt etwas verfrüht sein könnte, um es zweifelsfrei festzustellen. Ich aber war mir sicher, schwanger zu sein.

Eine Woche später war ich deshalb wieder dort. Dieses Mal sagte er nach der Untersuchung: »Damit Sie beruhigt sind, dieses Mal ist Ihr Test positiv.«

Obwohl ich mir das tief drinnen ja gewünscht hatte, kamen die ersten ernsthaften Zweifel in mir hoch: War diese Schwangerschaft nicht eine totale Überforderung für mich?

War der Zeitpunkt nicht so ungelegen, wie er es nicht anders hätte sein können?

Mein Mann steckte gerade in der Meisterprüfung, die ihn wirklich Kraft kostete. Und das nebenher bei allen Aufgaben, die im Geschäft liefen: Wir bauten gerade ein kleineres Haus, das in ein paar Monaten fertiggestellt sein sollte. Auch die Familie Heil wollte gerne bald ihr neues Haus beziehen, dessen Bau wir übernommen hatten.

»Diese Leute mit ihren vielen Kindern sind wirklich ansteckend«, hatte ich zu dem Architekten einmal im Scherz gesagt. Der ging einen Schritt zurück und meinte: »Nein, danke, zwei Kinder sind wirklich genug für meine Frau und mich.«

An einem strahlenden Oktobertag wurde dann unser Alexander geboren. Mein Mann Herbert erlebte diese Geburt mit mir zusammen. Voller Glück schauten wir unser kleines Sonntagskind an. Welch ein Geschenk, noch ein Kind zu haben!

Alexander wurde zum Sonnenschein der ganzen Familie. Was seine Entwicklung angeht, so wurde mir immer wieder bestätigt, daß alles normal sei. Mit einem Jahr konnte der kleine Kerl schon recht gut laufen. Wir waren so richtig glücklich.

Nur eines irritierte uns. Alexander gab kaum einen

Ton von sich. Mit 18 Monaten konnte er nicht einmal »Mama« herausbringen.

Er war schon zwei Jahre alt, als er sich hauptsächlich mit dem Wort »ä«, »ä« begreiflich machen konnte. Mit seiner Körpersprache konnte er uns aber alles klarmachen, was er wollte.

Außer diesen Lauten hatte er für seine Schwester, die Michelle heißt, das Wort »Eia« erfunden.

Und es gab noch ein drittes Wort namens »Öbbe«. Dieses stand für Mama, Papa, Oma und Mond gleichermaßen.

Wenn dann Vollmond war, sagten wir im Scherz zueinander:

»Ach, es ist wieder Voll-Öbbe.«

Nach einiger Zeit kamen zwei weitere Worte hinzu, die er hinter alles, was er uns mitzuteilen versuchte, setzte:

»Hammer Otto.« Zwar lebt in unserem Ort ein Mann mit diesem Namen, jedoch hatten wir kaum Kontakt miteinander.

Wir konnten uns dies alles nicht erklären. Was war mit unserem Kind los?

Alexander war inzwischen zwei Jahre und neun Monate alt. Er entwickelte sich völlig normal, nur sprechen konnte er kaum ein Wort und keinen einzigen Satz.

Allmählich fing das Gerede der Leute an. Schmerzlich wurde uns bewußt, daß Alexander möglicherweise nie ein normales Leben würde führen können. Ausdrücke wie »behindert« fielen, und jedesmal gingen Qualen durch meine Seele.

Unser Hausarzt, Dr. Lebherz, empfahl uns, in Heidelberg die Sprach- und Hörabteilung der Uni-Klinik aufzusuchen. Wir scheuten weder Kosten noch Zeit, noch Autofahrten, um unserem Kind zu helfen.

Aber auch die besten Therapeuten konnten uns nur sagen, was wir eigentlich schon gewußt hatten: kerngesunder Junge, gutes Gehör. Nur eine neue Komponente kam noch hinzu: »Sie als Eltern bemühen sich viel zu schnell, auf sein ›ää‹ einzugehen, so daß es keine Anstrengung leisten muß, um sprechen zu lernen.«

Sollten wir unser Kind in Zukunft ignorieren, bis es sprechen gelernt hatte?

In dieser Zeit sprach ich intensiv mit Alexander: »Alex, warum sprichst du nichts?« fragte ich ihn. »Du machst uns damit viel Mühe. Kannst du denn nicht sprechen oder willst du nicht?«

Ich merkte, daß der kleine Kerl mich völlig verstanden hatte. Ernsthaft schaute er mich an und gab mir deutlich zu verstehen, daß es einfach nicht funktionierte. Er wiederholte all die wenigen Worte, die er kannte, und schüttelte dann verzweifelt seinen Kopf.

Vielleicht war ein Kindergartenplatz eine Hilfe? Im Umgang mit anderen Kindern mußte er sich ausdrücken und durchsetzen lernen! Ich setzte all meine Hoffnung darauf, daß Alexander in den Kindergarten kommen konnte, obwohl man mich bedrängt hatte, ihn in einen Behindertenkindergarten wegzugeben.

Aber mit dem Kindergarten wollte es nicht klappen. Zu viele Aussiedlerkinder hatten vor uns Vorrang. Konnte niemand verstehen, daß es bei uns lebens-notwendig war?

Ich war so verbittert über die Situation, daß ich sehr ärgerlich auf Ausländer reagierte. Es kam mir vor, als nähmen sie uns etwas weg. Ich war ungerecht in meinem Schmerz.

Doch endlich erhörte Gott unsere Gebete, eigentlich als Folge von vielen Pannen. (Das wäre Stoff genug für eine eigene Geschichte.)

Alexander wurde schließlich doch aufgenommen.

Das Kindergartenpersonal und besonders eine Schwester Johanna bemühten sich sehr um unser Kind. Trotzdem waren nach vielen Monaten erst wenige Fortschritte zu sehen. Alexander sprach mit seinen mehr als drei Jahren nur Wortbrocken: »Mama, bitte geben mir – bitte mal putzen ab.«

Inzwischen führte uns der Weg zu einem Sprachtherapeuten. Noch ein Jahr zuvor hatte dieser mir geraten, Alexander in einen Sonderkindergarten zu bringen. Aber nun war er bereit, mit ihm bei uns zu Hause zu arbeiten.

Bis zum Alter von sechs Jahren kam Herr Thomas nun einmal pro Woche zu uns. Alexander machte immer mehr Fortschritte. Schließlich teilte uns der Sprachlehrer mit:

»Ich werde nun nicht mehr kommen. Denn Alexander braucht mich nicht mehr. Er kann im August ohne weiteres ganz normal eingeschult werden.«

Zunächst war ich eher skeptisch. Ich kannte meinen Alexander doch besser als Herr Thomas. Zwar traute ich unserem Jungen eine Menge zu. Und sprechen konnte er nun auch alles. Aber Ausdauer – davon besaß er kaum etwas. Würde das gutgehen? Angst stieg in mir hoch, daß ich tagaus, tagein mit ihm über den Schulaufgaben würde sitzen müssen. Und davor fürchtete ich mich, weil das weder einer Mutter noch einem Kind Freude bereitet.

Und doch schenkte uns Gott wieder ein Wunder.

Alex geht gerne zur Schule. Inzwischen besucht er die zweite Klasse. Er verehrt seine Lehrerin und lernt mit Hingabe. Ich wäre eigentlich schon glücklich, wenn er ohne Probleme mitkäme. Aber seine Leistungen sind ausgesprochen gut. Selten hat er Fehler bei seinen Arbeiten.

Und auch sonst entwickelt er sich gut, fährt Fahrrad, kann schon schwimmen, fährt Ski – ein richtiger Lausbub.

Voller Dankbarkeit blicke ich zurück, wie Gott alle meine Befürchtungen zum Guten gelenkt hat. ER hat immer noch Türen, wo Menschen nur Mauern sehen.

Irene Trobisch

Das Schönste kommt noch

Eine junge Frau lernt, mit ihrer Krankheit zu leben

Mit 15 Jahren begann ich krank zu werden. Immer wieder hatte ich Schmerzen an der Wirbelsäule und besonders an meinem linken Fuß. Aber niemand fand eine Ursache dafür. Weil ich ein fröhlicher Mensch bin, konnte ich vieles überspielen. Wenn es mir wieder besser ging und meine Schmerzen erträglich waren, lachte ich viel.

Doch die Schmerzen nahmen zu. Da die Ärzte keine Ursache dafür finden konnten, gaben sie einem psychischen Leiden Schuld dafür. Hatte ich wieder einmal schwere Schmerzen, so wies mich meine Familie zurecht: »Denk doch nicht immer darüber nach. Du steigerst dich da nur in etwas hinein, das gar nicht so schlimm ist. Nimm dich selbst nicht so ernst.« Aber die Schmerzen in der Wirbelsäule ließen sich nicht einfach ignorieren, dazu waren sie zu stark.

Ich fühlte mich mit meinen Schmerzen und dem nicht Ernstgenommensein durch die anderen unendlich allein gelassen.

Jahrelang hörte ich die sicher gutgemeinten Hinweise: »Nimm dich zusammen, dann geht es schon.«

Um nicht weiter aufzufallen, begann ich eine Ausbildung als Erzieherin bei körperlich und geistig behinderten Kindern. Ich war 17 Jahre alt und hoffte, dort angenommen zu sein, weil diese Menschen auch Leiden hatten. Sechs Jahre lang arbeitete ich in diesem Heim.

Leider verschlechterte sich mein gesundheitlicher Zustand rapide. Das Tragen und Hochnehmen der Kinder verursachte entsetzliche Kreuzschmerzen. Immer häufiger mußte ich mich krankmelden. Der zuständige Direktor ermutigte mich, mir eine andere Arbeitsstelle zu suchen. Auch er schätzte mein Leiden als psychische Krankheit ein. »Es ist für die ohnehin kranken Kinder eher schädlich, eine psychisch kranke Person um sich zu haben«, meinte er.

Zu dieser Zeit fühlte ich mich von allen Menschen verstoßen. Meine Freunde verachteten mich, meine Familie konnte nicht mit mir umgehen, selbst Christen schauten mitleidig, wenn nicht gar verachtend auf mich herab.

Ich fühlte mich grenzenlos einsam.

Und doch habe ich gerade in dieser Verlassenheit gespürt, wie Jesus Christus mir nahe war. Ich hatte ihn schon vor meiner Krankheit als den Herrn meines Lebens angenommen. Aber jetzt entdeckte ich ihn noch viel mehr als meinen wirklichen Freund.

Schon mit 16 Jahren hatte man eine neurologische Krankheit bei mir entdeckt, die man aber nicht exakt einordnen konnte. Außerdem wurde ein Bandscheibenvorfall festgestellt, der leider nicht allzu ernst genommen worden war. Erst viel später, ich war inzwischen 32 Jahre alt, diagnostizierte man die jetzige Krankheit. Sie hat noch keinen speziellen Namen, zeigt aber ähnliche Symptome wie die Multiple Sklerose.

Um manche Veränderungen, die die Krankheit mit sich brachte, aufzuhalten, wurden verschiedene Operationen vorgenommen. Man versuchte u.a., die Sehnen im Bein zu dehnen, um zu ermöglichen, daß ich weiterhin gehen konnte.

Wochenlang war nach solch einer Operation mein ganzes Bein in Gips. Doch beim ersten Versuch danach, wieder die Beine zu gebrauchen, riß die Sehne ab. Monatelange Qual umsonst. Weitere Operationen folgten.

Es war vor der elften Narkose, die eine weitere Operation einleiten sollte. Ich lag in der Vorbereitung, als der Anästhesist mit der Spritze kam. Es war ein freundlicher, verständnisvoller Arzt: »Soll ich Ihre rechte Hand halten, während Sie einschlafen, falls Sie Angst haben?«

bot er mir an. »Meine rechte Hand ist schon vergeben«, antwortete ich ihm, »sie liegt in Gottes starker Hand.« In mir war eine feste Gewißheit der Nähe Gottes. Ich spürte, wie er mich festhielt. Niemand konnte meine Schmerzen, meine Ängste, mein Leiden besser verstehen als er. Denn am Kreuz hatte er für mich gelitten, aus Liebe zu mir.

Meine Familie wurde im Lauf der Zeit immer verständnisvoller. Sie begriffen nun, daß ich wirklich Schmerzen hatte und nicht nur auf mich aufmerksam machen wollte. Ich spürte, daß es ihnen leid tat, mich vorher nicht ernstgenommen zu haben.

Viele Christen, die mich zuvor abgelehnt hatten, begannen, für mich zu beten. Das machte mich tief froh. Aber wenn es mir dann wieder schlechter ging, wandten sich manche von mir ab. Sie meinten, daß die Erhörung ihrer Gebete um meine Genesung verhindert wurde, weil ich gesündigt hätte.

Ein Bruder aus der Gemeinde besuchte mich eines Tages und redete mir ins Gewissen: »Deine Krankheit verschlechtert sich immer mehr, obwohl wir für dich beten«, sagte er vorwurfsvoll. »Ich bin überzeugt, daß du vom Teufel besessen bist.«

Dieses Gespräch bewirkte in mir eine so große Pein, als würde mir jemand einen Dolch ins Herz stoßen.

Es schien mir schlimmer als alles körperliche Leid, das ich durchmachte.

Inzwischen hatte sich mein körperlicher Zustand so sehr verschlechtert, daß ich nur noch an Krücken gehen konnte.

Wieder wurde eine Operation notwendig. Durch sie sollte ich aber nun wirklich wieder fähig werden, alleine zu gehen.

Ich faßte neue Hoffnung. Auch der Arzt versprach mir, daß hinterher alles gut werden würde, und war voller Zuversicht. Das ermutigte mich, die 600 km lange Fahrt nach Lyon zu unternehmen. Denn eigentlich hatte ich große Angst, so lange von zu Hause und von allen Menschen getrennt zu sein, die ich gerne hatte.

Das ist jetzt sechs Jahre her. Aber vieles ist mir noch genau in Erinnerung: Es war am 12. Dezember. Noch während wir unterwegs waren, sprach ich zu meinem Vater im Himmel etwa folgendes Gebet: »Herr, ist das richtig, was ich da mache? So kurz vor Weihnachten eine Operation und dazu weit weg von meiner Familie? Ist das wirklich, was du für mich willst?«

Wie mir im nachhinein mitgeteilt wurde, dauerte die Operation sechs Stunden. Nun bekam ich zusätzlich noch Fieber. Dabei hatte ich so sehr gehofft, zu Weihnachten wieder nach Hause zu dürfen! Aber es kam noch schlimmer. Einen Tag vor Weihnachten erschien der Oberarzt bei mir im Krankenzimmer. Einige andere Ärzte waren auch dabei. Sie alle sahen nicht gerade fröhlich aus. Der Oberarzt setzte sich an mein Bett. Liebevoll nahm er meine Hand. Was er mir wohl zu sagen hatte?

»Sonja«, begann er traurig, »Ihre Krankheit wurde zu spät erkannt. Daß diese Operation gelingen würde, war sowieso fraglich. Außerdem wurde schon zu oft operiert. Es ist fast unmöglich, zwischen allen Narben, die Ihre letzten Operationen hinterlassen haben, noch einmal das Richtige zusammenzufinden. Leider ist diese Operation umsonst gewesen. Sie werden nie wieder gehen können.«

Einerseits war ich froh, die Wahrheit zu wissen, andererseits war die Aussicht, nie wieder gehen zu können, furchtbar.

In meiner inneren Not betete ich zu Gott: »Herr, wenn du mich nicht heilen willst, so zeige mir bitte, welchen Weg du für mich vorhast. Gib mir eine Aufgabe, damit ich weiß, wofür ich leben darf.«

Am Abend war eine kleine Weihnachtsfeier. Dabei durfte jeder, der wollte, sich einen Bibelvers nehmen.

Auf meinem Kärtchen stand ein Vers aus dem Buch des Propheten Jesaja, Kapitel 61, 1–4:

»Der Geist des Herrn ist über mir, darum weil mich der Herr gesalbt hat. Er hat mich gesandt, den Elenden gute Botschaft zu verkünden, zerbrochene Herzen zu verbinden, den Gebundenen Freiheit . . .«

Als ich mich im Rollstuhl zurück in mein Zimmer bewegte, hörte ich aus dem Zimmer gegenüber leises Weinen. Ich klopfte. Im Bett lag eine weinende Frau. Ich ging zu ihr und trocknete ihre Tränen ab. Stockend fing sie zu sprechen an.

Sie hatte einen Gehirntumor. Mehr als ein Jahr lang hatte sie im Koma zugebracht. Zu Hause warteten ihr kleiner, inzwischen zweijähriger Junge und ihr Mann auf sie. Sie war furchtbar verzweifelt.

Während ich anfing, sie zu trösten, schaute sie auf meinen Rollstuhl. »Wieso können Sie mich trösten, wo es Ihnen anscheinend auch nicht besonders gutgeht?« fragte sie mich erstaunt. Ich berichtete ihr von der Diagnose der Ärzte: »nie wieder gehen können«. Aber ich erzählte ihr auch von Jesus, der uns versprochen hat, uns nie allein zu lassen, egal wie schwer die Lebenswege sind, die wir gehen müssen. Und daß Jesus für uns am Kreuz starb, um uns von aller Schuld zu erlösen, daß er ein Mann der Schmerzen wurde für uns. Sie hörte mir aufmerksam zu. »Darf ich noch mit Ihnen beten?« fragte ich sie. Sie wollte.

Als ich in mein eigenes Zimmer kam, wurde mir bewußt, daß dies mein schönstes Weihnachtsfest war. Nun wußte ich auch, warum Gott das alles zugelassen hatte: die weite Reise, die schlimme, erfolglose Operation.

Wieder zu Hause, war jeder enttäuscht und empört darüber, daß es nun schlimmer mit mir war als zuvor.

Diese Operation brachte mir noch mehr Behinderung. Hatte ich zuvor noch an Krücken gehen können, so war ich jetzt an den Rollstuhl gebunden. Die Menschen um mich herum fühlten sich noch mehr verunsichert als vorher. Besonders die Christen wußten oft nicht, wie sie mit mir umgehen sollten. Sie trauten sich nicht, mir einfach zu sagen: »Gott wird es schon gutmachen.« Es war für alle eine Art Hilflosigkeit da, mit der sie nicht umgehen konnten. Viele fingen an, mich zu meiden.

Wahrscheinlich wußten sie nicht, was sie einer jungen Frau sagen sollten, die nun ihr Leben lang im Rollstuhl zubringen sollte.

Ich möchte lernen, dabei nicht bitter gegen sie zu werden.

Mit Gott umzugehen ist viel einfacher. Ich habe mein Los von ihm angenommen. Er legt mir nur so viel auf, wie ich tragen kann. Und ich spüre dabei, wie er liebevoll mit mir umgeht. Ich bin nicht zur Seite gestellt. Gott überläßt mir die wichtige Aufgabe, als kranker Mensch Kranke zu trösten. Ich kann trösten, weil ich weiß, wie andere leiden. Weil ich weiß, wie es sich anfühlt, Schmerzen zu haben, kann ich andere verstehen.

Als Kind stellte ich mir unter Missionaren immer

ältere Leute vor: Frauen mit Knoten und Männer mit weißen Haaren.

Ich wußte nicht, daß Gott auch jüngere Menschen gebraucht, die keine Knoten haben und keine ehrwürdigen, weißen Haare. Gott gebraucht einfach Menschen, die bereit sind, ihm zu dienen. Und inzwischen weiß ich auch, daß das Missionsfeld nicht nur Afrika oder Indien heißt, sondern auch Frankreich und einfach jedes Land der Welt, wo es Menschen gibt, die Gott nicht kennen.

Gott gebraucht nicht nur Gesunde und Starke, sondern auch Schwache und scheinbar Hilflose. Deshalb freue ich mich, daß ich ihm durch mein Leid helfen darf bei seiner großen Ernte.

Um ehrlich zu sein: Es gibt Tage, die mir außerordentlich schwerfallen. Da gelingt es mir kaum, meine Krankheit, ja mein ganzes Los anzunehmen. Wenn die Koliken mich plagen, die durch meine Nieren ausgelöst werden, die nicht mehr richtig arbeiten. Auch meine Blase entleert sich nicht mehr selbständig. Täglich muß außerdem neu ein Katheter gelegt werden, da das ständige Tragen zu starke Schmerzen verursacht.

Bei Nacht werde ich an ein Beatmungsgerät angeschlossen, da ich im Liegen nicht die Kraft habe, genug Sauerstoff aufzunehmen.

Wenn die Schmerzen zu stark sind, bekomme ich zeitweise Morphium.

Es ist sicher kein Leben, das sich jemand wünschen würde. Auch ich nicht. Seit zwei Jahren verschlechtert sich mein Zustand zusehends. Doch immer, wenn ich verzagen will, kommt mir ein Wort des Apostels Paulus in den Sinn:

»Ich bin gewiß, daß weder Tod noch Leben, weder Traurigkeit noch Ängste, weder Gegenwärtiges noch Zukünftiges mich scheiden kann von der Liebe Gottes, die in Christus Jesus ist« (Röm. 8, 38. 39).

Ich bete, manchmal mit der letzten Kraft:

»Herr, du weißt den Weg. Du gibst mir die Kraft. Du

hast es versprochen. Und du hast dein Wort nie gebrochen.«

Inzwischen bin ich 33 Jahre alt. Leider kann ich nicht mehr viel allein tun, denn beide Füße und auch meine linke Hand sind inzwischen gelähmt. Aber mit der rechten kann ich noch einiges bewirken, so auch am Computer Texte schreiben, wie diesen hier:

Mein Leben ist eine einzige Wartezeit geworden.

Ich warte darauf, bis morgens der Krankenpfleger kommt, um mich aus dem Bett zu heben und später anzuziehen. Ich muß warten, bis man mir zu essen gibt . . .

Viele Dinge, die andere selbstverständlich tun können, sind mir nicht möglich. Immerzu bin ich auf andere angewiesen.

Aber ich erfahre auch echte Freundschaft. Eine liebe Freundin fährt mich spazieren, hört mir zu, spricht mit mir. Sie arbeitet vollzeitig bei Behinderten und kommt in ihrer Freizeit, um mich zu besuchen.

Aber das Schönste kommt noch. Und darauf freue ich mich. Einmal wird diese irdische Wartezeit vorbei sein, und ich darf meinem Herrn Jesus begegnen, der mich so unendlich liebt.

Dann werden alle Behinderungen vorbei sein, und ich darf ihm jubelnd danken, daß er mir treu hindurchgeholfen hat.

Sonja Rupp

Sehnsucht nach Geborgenheit

Vor 14 Jahren lebte ich mit meinem heutigen Mann unverheiratet zusammen. Unser erstes Kind war unterwegs. Ich war weit entfernt von jedem Gedanken an Gott, suchte aber ständig nach irgendeinem Halt. Anthroposophie zog mich an. Pedantisch achtete ich auf gesunde Ernährung und legte wert auf Kleidung aus reiner Naturfaser.

Zu einem Osterfest schenkte mir der Bruder meines Mannes ein Buch. Sein Titel lautete »Du in mir«, geschrieben von Ruth Heil. Der Untertitel »Tagebuch einer jungen Mutter« sprach mich an. Ich begann zu lesen. Dieses Buch erreichte mich ganz tief drinnen. Aber ich konnte nicht richtig einordnen, welche Art Sehnsucht in mir wachgerufen wurde.

Eines Tages wurde es mir bewußt: Das, was du suchst, scheint es wirklich zu geben. Diese Frau aus dem Buch hat offensichtlich, wonach ich mich sehne, ohne mir das selbst jemals eingestanden zu haben: Harmonie, Heil, Zuhause, Geborgenheit, »geordnete Verhältnisse«.

Das Buch weckte in mir den Mut, zu dem zu stehen, was ich innerlich als Frau fühlte, zu meiner Sehnsucht nach Beziehung, Verbindlichkeit und Vertrautheit.

So war mein erster Schritt, meinem Mann zu gestehen, daß ich eigentlich doch lieber mit ihm verheiratet wäre, als nur so mit ihm zusammenzuleben. Ich hatte gehofft, daß dies auch sein Wunsch sei. Dem war aber nicht so. Aber – immerhin – er war bereit zu heiraten. Drei Wochen vor der Geburt unseres Sohnes, in Begleitung unserer Trauzeugen, standen wir vor dem Standesbeamten.

Nicht einmal die Eltern hatten wir eingeladen. Es gab auch keine Feier in größerem Rahmen. Auch keine kirchliche Trauung folgte. Und das, obwohl mein

Schwiegervater evangelischer Pfarrer ist. Aber immerhin: Wir waren verheiratet.

Später fand ich dann den Mut, in eine Kirche zu gehen. Aber ich wußte eigentlich nicht genau, was ich dort suchte. Jedesmal, wenn ich dort war, begann ich zu weinen. Daran merkte ich, daß das, was sich dabei abspielte, mich zutiefst bewegte, obwohl ich es nicht einordnen konnte.

Eine Zeitlang plagte ich meinen Mann mit Vorwürfen. Ich wünschte mir, daß er sich genauso nach diesem inneren Leben sehnte, von dem ich ahnte, daß es existierte.

Irgendwann beschloß ich, nicht mehr auf seine Initiative zu warten. Es ging mir schlecht. Ich mußte herausfinden, ob es diesen Gott gäbe, auch wenn mein Mann sich nicht dafür interessierte.

Ich stellte mir vor, was ich zu Gott sagen würde. Auf ein Stück Papier schrieb ich meine Gedanken nieder. Sie sahen fast wie ein Gebet aus. In Wirklichkeit war es eine reine Konstruktion.

Es dauerte nicht lange, bis ich im Herzen die völlige Gewißheit hatte: »Es gibt Gott. Jesus lebt. Er will mein Halt sein.«

Ich spürte, daß ich meinen Mann damit überfordert hatte, alle meine Gefühle zu kennen und aufzufangen.

Dieses Erlebnis liegt nun schon elf Jahre zurück. Inzwischen hat es in meinem Leben mit Gott und auch in unserem Eheleben manche Täler und Höhen gegeben. Gott beschenkte uns mit zwei weiteren Kindern.

Heute beginne ich zu begreifen, daß der Schlüssel für eine erfüllte Ehe darin liegt, daß ich an meiner Ehe arbeite. Und das nicht nur, um Erfüllung und Glück für mich zu finden. Indem ich Jesus Christus nachfolge und ihm Freude machen will, schließe ich auch meine Familie ein.

Das enthebt meinen Mann von dem Erwartungsdruck, der schon so vieles zwischen uns blockiert hat.

Vor einigen Tagen schrieb mir mein jüngster Bruder:

»Ich staune darüber, wie der Umgang zwischen Dir und Deinem Mann viel freundlicher geworden ist (jedenfalls für mich als außenstehenden Betrachter). Da steckte für Euch beide wohl eine echte Herkules-Arbeit drin. Aber ich finde, daß es sich lohnt, nicht aufzugeben . . .« Diese Aussage meines Bruders über unsere Ehe hat mich mit tiefer Freude erfüllt. Besonders deshalb, weil mein Bruder noch nichts von Gott weiß.

Zwar hat mein Mann immer noch nicht damit begonnen, nach Gott zu fragen. Aber im Spiegel der Berichte von anderen weiß ich, daß wir es sehr gut miteinander haben. Es ist ein großes Maß an Respekt und Achtung voreinander da, ein Lebensstil von Vergebung und Versöhnung.

Das war nicht immer so gewesen. Unsere Ausgangsposition war denkbar schlecht und verfahren. Aber Gott hat viel Heilung geschenkt.

Wenn auch noch manches aussteht und nicht alle Wünsche erfüllt sind, so freue ich mich an dem Gott, der lebt und den ich gefunden habe, und halte mich an Sprüche 10, 28:

»Das Warten der Gerechten wird Freude werden.«

Johanna Gramm

Zwischen zwei Welten

Leben oder Tod

Unsere Geschichte beginnt in einem malerischen Dörfchen in Ungarn. Dorthin lud uns ein lieber Freund zum Sommerurlaub ein.

Mit unseren beiden Kindern Franziska und Theresa verbrachten wir herrliche Ferientage. Wir hatten uns immer noch ein drittes Kind gewünscht. Und in diesem Urlaub begann sein kleines Leben.

Im November 1993 hatte ich dann bei Frau Dr. Pyttel meinen ersten Termin. Beim Ultraschall meinte die Ärztin, einen Fehler am Herzen des Kindes entdeckt zu haben. Um dies genauer untersuchen zu lassen, überwies sie mich an einen Spezialisten auf dem Gebiet der pränatalen Diagnostik, einen Dr. Meinel. Mein Mann und unsere beiden Kinder waren dabei, als ich ins Krankenhaus ging. Nach der Untersuchung kam der Arzt auf uns zu. Er hatte einen traurigen Gesichtsausdruck, als er die Kinder ansprach: »Wir können nur hoffen, daß ihr ein gesundes Geschwisterchen bekommt.«

Danach klärte er uns über die Mißbildung auf, die unser zu erwartendes Kind hätte: »eine Zwerchfellhernie«.

Ich wurde ins Krankenhaus eingewiesen, um weitere Untersuchungen durchführen zu lassen. Leider bestätigte sich die Diagnose. Die Lebenschance unseres Kindes schien sehr gering. Wir waren fassungslos.

Während wir anderen unseren Schmerz mitteilten, bekamen wir die unterschiedlichsten Antworten:

»Sie haben doch zwei gesunde Kinder. Was wollen Sie mit einem behinderten oder toten Kind?«

Viele rieten uns zur Abtreibung.

Nur wenige Verwandte und Michaels ehemaliger

Lehrer Günter sagten uns ihre Hilfe zu, falls wir uns gegen eine Abtreibung entschieden.

Dr. Meinel erklärte uns das Für und Wider einer Operation. Er ließ uns wissen, daß die Chancen zum Überleben für das Kind sehr gering seien. Außerdem ließ er mich wissen, daß ich bei einer Abtreibung das Krankenhaus wechseln müsse: »Dieses Krankenhaus führt keine Abtreibungen durch; denn es ist ein katholisches Haus.«

In mir waren viele widerstreitende Gefühle. Das Baby wollte ich schon gerne bekommen. Was aber, wenn es stürbe?

Würde ich das verkraften?

In meinem Krankenzimmer lagen zwei weitere schwangere Frauen. Ihren Ungeborenen fehlte die Wirbelsäule. Die Frauen entschieden sich für eine Abtreibung.

Würde ich je damit fertig werden, mein Kind getötet zu haben? Ich zweifelte daran.

Freunde besuchten mich, auch meine Schwägerin. Es half mir, daß mich niemand von ihnen unter Druck setzte. Dann rief mich Günter an, ein lieber gemeinsamer Freund. Eine Stunde lang sprach er mir Mut zu. »Frag dein Baby, ob es leben will«, riet er mir. Ich fing an, mit meinem Ungeborenen zu sprechen. In meinem Bauch fing alles zu zappeln an. Das Kleine strampelte, als ginge es um sein Leben. Und genau darum ging es auch!

Trotzdem reichte das nicht aus, um meine Ängste wegzunehmen.

Am 16. Dezember wurde ich entlassen und stellte mich einen Tag später nochmals meiner Frauenärztin vor. Sie riet mir zu einem Abbruch, da sie mich vor einem behinderten Kind bewahren wollte.

Mit dem Einweisungsschein von ihr meldete ich mich in der Frauenklinik an – und mußte gleich dort bleiben. Mein Mann hatte die restlichen Papiere mit nach Hause genommen. Wir mußten besondere Fragen beantworten, da die gesetzliche Frist inzwischen überschritten war. Es fiel meinem Mann schwer, daß ich mich nun doch für einen Abbruch entschieden hatte. Er konnte in dieser Nacht einfach nicht schlafen. Während die Uhr schon vier Uhr morgens überschritten hatte, kam ihm ein Gedanke:

Gott sollte für uns die Entscheidung treffen. Er betete: »Herr, hilf uns! Wenn das Baby leben soll, schicke in den nächsten Stunden einen Arzt zu meiner Frau Ute, der ihr mitteilt: ›Geben Sie dem Kind eine Chance!‹«

Wieder wurde ich gründlich untersucht. Wieder Ultraschall. Abends nochmalige Untersuchung durch einen Dr. Robel. »Dieses Kind hat meiner Meinung nach durchaus eine Überlebenschance«, informierte er mich. »Wollen Sie ihm nicht auch eine Chance geben?« Fragend schaute er mich an.

Montags bestellte dieser Arzt alle Spezialisten zu einem Gespräch ein. 45 Minuten wurde uns ausführlich erklärt, was alles passieren könnte, aber auch, was sie planten.

Zu Prof. Dr. Bennek hatten wir sofort Vertauen. Ihm könnten wir unser hilfloses Kind getrost anvertrauen.

Am 13. April wollte man mit einem Wehentropf die Geburt einleiten. Sollte das nicht klappen, wollten die Ärzte einen Kaiserschnitt machen. Mir graute vor beidem.

Doch nach der Unterredung zerriß ich den Antrag.

Wir entschieden uns für unser Kind.

Gott hatte das Zeichen gesetzt.

Von da an ging es mir besser, auch wenn noch viel Aufregung hinterher kam.

Freunde, Verwandte, Bekannte fingen an, für uns zu beten. In Braunschweig, Leipzig, Freiberg – in Portland, London und Prag und anderswo schlossen uns Menschen in ihre Fürbitte ein. Anrufe und Briefe ermutigten uns.

Am 11. April sollte ich endgültig ins Krankenhaus

eingewiesen werden. Die Schwiegereltern waren gekommen, um bei den Kindern zu Hause zu sein. So wäre mein Mann frei, mich zu unterstützen, wenn es mit der Geburt losginge.

Es war genau einen Tag später, als ich zu Hause anrief. Ich fühlte mich matt, deprimiert und ängstlich: »Ich muß sofort in den Kreißsaal. Beim CTG sind keine Herztöne mehr festzustellen«, teilte ich meinem Mann Michael mit.

Sollte unser Kindlein schon tot sein? Ich fing an zu weinen.

Während der Fahrt zum Krankenhaus schenkte Gott meinem Mann die Erinnerung an zwei Aussagen. Eine davon stammte von einem Pfarrer. Er hatte zu meinem Mann gesagt: »Das Baby wird leben; damit zeigt Gott den Zweiflern seine Macht.« Und die andere Äußerung stammte von Günter: »Gott hat euch eine Zusage gegeben, und die hält er auch.«

Ich lag als einzige im Kreißsaal, angeschlossen an verschiedene Geräte. Als Michael kam, fühlte ich mich erleichtert. Wir konnten uns recht entspannt mit Ärzten und Schwestern unterhalten. Eine liebe Freundin kam für eine Stunde zu uns in den Kreißsaal und sprach mir Mut zu. Der Wehenschreiber zeichnete leichte Wehen auf, die schließlich stärker wurden. Eine Ärztin überprüfte den Muttermund und ließ uns wissen: »Das kommt heute noch.« Es war inzwischen etwa 15 Uhr. Die Wehen waren erträglich.

Nur einige Minuten danach hatte ich einen Blasensprung.

Hebammen, Ärzte, Kinderarzt, alle wurden gerufen.

Mein Mann war so angespannt, daß er mir bei der ersten Preßwehe fast meine Hand zerdrückte. Es war aufregend für Michael, seine erste Geburt mitzuerleben. Vor der Wende hatte es in der DDR kaum eine Möglichkeit für einen Mann gegeben, bei der Geburt dabeizusein.

Nach zwei weiteren Preßwehen war unser Kind geboren. So leicht hatte ich noch kein Kind bekommen.

Wir durften es nur kurz sehen. »Name wie ausgemacht?« fragte die Hebamme noch im Wegrennen zur Intensivversorgung des Kindes.

Am Abend durften wir unsere kleine Magdalena erstmalig besuchen. Unzählige Schläuche hielten sie am Leben. »Die Mißbildung ist schlimmer als angenommen«, informierte man uns. »Wenn Ihr Kind die Nacht mit stabilen Werten übersteht, können wir es wagen zu operieren. Wenn nicht, müssen wir kapitulieren.«

Am nächsten Morgen besuchten wir unser Kind erneut. Ich hatte etwas Schwierigkeiten, es zu berühren. Es schien mir so fremd. Dr. Möckel half mir, diese Barriere zu überwinden. Er forderte mich auf: »Geben Sie mir Ihre Hand! Wir üben jetzt das Streicheln.«

Um 10 Uhr begann die dreistündige Operation an unserem kleinen Mädchen. Während sie danach schlief, streichelten wir sie wieder.

»Die Operation ist erfolgreich verlaufen«, sagte man uns.

Viele Menschen halfen uns in den darauffolgenden Wochen, so daß wir unser Kleinstes mindestens zweimal täglich besuchen konnten. Magdalena machte gute Fortschritte.

Schon am 19. Mai durften wir unseren kleinen Schatz nach Hause holen. Unsere beiden Großen waren ganz »aus dem Häuschen«.

Ich glaube, wenn mein Mann nicht an meiner Seite gewesen wäre, hätte ich das alles nicht so gut überstanden.

Gott hatte unsere und die Gebete von vielen Freunden erhört. Für uns ist Magdalena ein Wunder Gottes.

Am Tage vor der Entlassung Magdalenas bedankte sich Michael bei Prof. Dr. Bennek für das, was er für Magdalenas Leben getan hatte. »Danken müssen Sie einem anderen«, antwortete dieser.

Viele Menschen freuten sich mit uns, besuchten uns, wollten Magdalena anfassen und streicheln.

Inzwischen war es Sommer geworden. Spontan lud uns eine gläubige Familie nach Holland ein. Diese Menschen hatten von uns gehört. Sie wollten uns kennenlernen und Magdalena und unserer Familie in der herrlichen Seeluft einen Urlaub gönnen. Sogar der dortige Pfarrer besuchte uns. Am darauffolgenden Sonntag berichtete er von uns im Gottesdienst und betete für Magdalena und unsere Familie.

Es war bewegend für uns, als am Ausgang zweihundert Menschen in den Kinderwagen schauten und uns Gottes Segen wünschten.

Am 10. September wurde Magdalena in der Nikolaikirche in Leipzig getauft. Bei diesem Gottesdienst nahmen auch zwei von Magdalenas Ärzten und eine Krankenschwester teil.

Am Morgen des 16. Oktober blieb Magdalena plötzlich die Luft weg. Nach dem Atemstillstand fiel sie in eine tiefe Bewußtlosigkeit. Wir waren wie gelähmt vor Angst. Ich versuchte, den Rettungswagen zu erreichen, während Michael seine spärlichen Erste-Hilfe-Kenntnisse anwendete, begleitet mit Hilferufen zu Gott.

Magdalena lebte. Aber sie mußte erneut operiert werden.

Wieder war Prof. Bennek der Operateur. Alles ging unerwartet schnell und gut. Zur Entlassung sprach uns ein angehender Arzt auf dem Flur an: »Dieses Kind ist ein Segen. Nehmen Sie es als solchen!«

Nach dieser Operation machte Magdalena deutliche Fortschritte. Manchmal dreht sie sich vom Rücken auf den Bauch. Sie formt Laute und macht sich damit bemerkbar. Und kommt man an ihr Bettchen, lächelt sie.

Durch Magdalena bin ich ziemlich eingespannt. Zweimal pro Woche braucht sie eine Spezialtherapie. Häufig müssen wir zu verschiedenen Ärzten zur Kontrolle. Aber bis jetzt gab es nach jeder Untersuchung nur das Ergebnis: alles in Ordnung!

Gott hat uns wunderbar durch diese Zeit getragen. Und er schickte uns immer wieder Menschen, die uns zur Seite standen, die uns ermutigten, die die richtigen Entscheidungen bei Magdalena trafen, die beteten . . .

Wir sind von Gott getragen worden. Deshalb vertrauen wir ihm, daß er weiter für uns sorgen wird.

Ute Oertel

Befreit aus dem Gefängnis der Angst

Als Kind fühlte ich mich geborgen. Ängstlichkeit begann sich erst allmählich in mein Leben zu schleichen, als ich jung verheiratet war. Bestimmend und prägend weitete sie sich mit der Geburt unserer ersten Kinder immer mehr aus. Schließlich fing ich schon bei Kleinigkeiten an, mir Sorgen zu machen. Und schlußendlich steigerte ich mich regelrecht in Ängste hinein.

Wenn mein Mann nicht zur vereinbarten Zeit nach Hause kam, wurde ich unruhig. Ich stellte mich ans Fenster mit dem ständigen Blick zur Uhr. »Was könnte ihm passiert sein?« überlegte ich mir. Und diese Spirale ging weiter, bis hin zu der Möglichkeit, er könnte ums Leben gekommen sein. In Gedanken sah ich mich als Witwe mit zwei kleinen Kindern am Grab stehen.

Je mehr ich diesen Gedanken Raum gab, um so stärker entwickelte sich daraus ein Mechanismus. Sorgen und Ängste umkreisten mich, und ich war unfähig, noch etwas Sinnvolles zu leisten. Dadurch war ich oft ungeduldig mit den Kindern. Ich übte es richtiggehend ein, mich diesen Gedanken preiszugeben. Sie fingen an, mich zu bestimmen. Dann zogen wir um. Unsere Kinder erkrankten an Krupphusten. Bei dieser Krankheit verengen sich die Atemwege, und es kommt auch zu Erstickungsanfällen.

Die Kleinsten erkrankten daran, als sie noch Säuglinge waren. Ich fühlte mich diesem Geschehen total ausgeliefert. Besonders fürchtete ich mich vor dem Frühjahr und Herbst, wenn die Anfälle gehäuft auftraten.

Im Laufe der Zeit lernte ich buchstäblich, mich von dieser Angst gefangennehmen zu lassen. Wenn andere Frauen über das noch schlimmere Krankheitsbild ihres Kindes sprachen, geisterten Bilder von Krankenhaus, Erstickung und Tod durch meinen Kopf.

Meine Ängste steigerten sich. Ich wachte nachts auf mit Angstschweiß und Herzrasen. Oft konnte ich nicht mehr zur Ruhe finden. Dann malte ich mir aus, was noch alles passieren könnte.

Obwohl unsere Kinder nie ernstlich bedroht waren, hielt der Mechanismus der Angst mich ständig in Anspannung.

Nicht nur nachts fühlte ich mich diesen Ängsten ausgeliefert. Auch tagsüber spürte ich eine Schwere, die mir jede Freude nahm. Oft war ich kaum fähig, Entscheidungen zu treffen. Ich war gelähmt von dem Starren auf die Angst.

Eines Tages sprach mich eine Bibelstelle besonders an. Sie wirkte wie eine ganz persönliche Frage an mich:

»Wer ist unter euch, der seines Lebens Länge (und auch des Lebens seiner Kinder) eine Spanne zusetzte, wie sehr er sich auch darum sorgte?« (Matth. 6, 27). Dieser Vers bewegte mich und führte mich zur Erkenntnis meiner eigentlichen Grundangst: der Angst vor dem Tod.

Es war der Beginn des Umdenkens in eine andere Richtung: aus der Negativspirale heraus.

Aufgrund dieses Verses begriff ich: Gott kennt Anfang und Ende von meinem Leben und dem Leben meines Mannes und dem meiner Kinder. Ich kann mit meinen Sorgen und Ängsten daran nichts verändern. Es liegt nicht an meinem Versagen, wenn etwas passiert. Alles ist in Gottes Händen aufgehoben, was auch immer geschieht.

Also darf ich aufhören, mich zu ängstigen; statt dessen darf ich beginnen zu vertrauen.

Und noch etwas lernte ich:

Es ist an mir zu entscheiden, welchen Gedanken ich Raum geben will. Die Angst wird durch Gedanken oder Gefühle ausgelöst. Dagegen kann ich nichts unternehmen. Aber danach liegt es an mir, ob ich diesen Gedanken erlaube, weiteren Besitz von mir zu ergreifen.

Auch mußte ich bereit sein, den Ängsten auf den Grund zu gehen und ihnen neue Gedanken entgegenzusetzen!

Es ging also nicht um Angstverdrängung, sondern um Angstbewältigung! Ich begann, dies in meinem Alltag umzusetzen. Jedesmal, wenn die Angst hochkam, sprach ich mit meinen Gedanken:

»Ja, ich habe Angst, vor Krankheit, vor Tod, vor Bedrohlichem. Aber Gott hat mein Leben und das Leben meines Mannes und das Leben meiner Kinder in seiner Hand. Ich kann meine Sorgen loslassen. Ich darf Gott vertrauen.«

Als ich begann, mich mit meinen Gedanken auseinanderzusetzen, wurde mir erst richtig bewußt, wie oft sie mich bisher jeden Tag überfallen hatten. 20–30mal täglich übte ich ab jetzt »Gedankenumkehr« ein. Das war äußerst anstrengend. Aber je öfter ich übte, um so mehr verloren die negativen Gedanken die Macht über mich. Ich kam mehr und mehr aus der Negativ-Spirale heraus.

Das Vertrauen in Gott wuchs wie eine kleine Pflanze, die man pflegt. Statt Angst kehrte Vertrauen ein. Statt Sorge machte sich Gelassenheit breit.

Dieses Vertrauen begann zunächst in meinen Gedanken und wirkte sich dann aus bei Entscheidungen.

Heute kann ich vielem gelassen entgegensehen. Vielleicht wirkt das in den Augen mancher Menschen sogar als Nachlässigkeit. Für mich aber ist es die Gelassenheit in Gott, der mich mit allen Sorgen und Ängsten trägt. Was er trägt, brauche ich selbst nicht mehr zu tragen.

Ich bin froh, immer neu zu lernen, daß ich bei Gott den Schlüssel des Vertrauens holen darf, um aus der Gefangenschaft der Angst auszubrechen.

Cornelia Mack

Schlußwort

Hier bin ich, Herr!
Ich hab' ein ganzes Buch gelesen.
Wie hast du andern durchgeholfen!
Stimmt das, Gott?
Wenn du das warst,
will ich dich kennenlernen,
will wissen, daß du bist,
will wissen, wer du bist!
Bist du denn auch für mich,
was du für andere warst?
Bist du so groß,
daß meine Kümmernisse dich bekümmern
und meine Schuld dich drückt?
Wenn du das bist,
wenn du das kannst,
dann komm zu mir!
Ich will dich haben, Herr!
Komm in mein Herz!
Nimm du hinweg, was mich noch trennen will.
Erhelle, was im Dunkeln sich versteckt,
und decke auf, was sich vor dir verbirgt.
Du willst Vergebung schenken.
Du willst heilen,
du willst trösten,
du wirst nicht alle Lasten nehmen,
doch du wirst tragen helfen,
das genügt!
Dir überschreib' ich mich für Zeit und Ewigkeit.
Nun bin ich dein.
Ich danke dir,
ich preise dich,
ich bete an.